U0635443

把美好种进
儿童心田

顾　剑◎著

找确定不变的价值

华东师范大学出版社

特色学校聚焦丛书　**丛书主编　杨四耕**

把美好种进
儿童心田

顾　剑◎著

华东师范大学出版社
·上海·

图书在版编目（CIP）数据

把美好种进儿童心田/顾剑著. —上海：华东师
范大学出版社，2020
（特色学校聚焦丛书）
ISBN 978 - 7 - 5760 - 0535 - 6

Ⅰ.①把… Ⅱ.①顾… Ⅲ.①小学教育－教育研究
Ⅳ.①G622.0

中国版本图书馆 CIP 数据核字（2020）第 167787 号

特色学校聚焦丛书

把美好种进儿童心田

丛书主编　杨四耕
著　者　顾　剑
责任编辑　刘　佳
项目编辑　林青荻
审读编辑　张梦雪
责任校对　徐素苗　时东明
装帧设计　卢晓红

出版发行　华东师范大学出版社
　　址　上海市中山北路 3663 号　邮编 200062
　　址　www.ecnupress.com.cn
　　话　021 - 60821666　行政传真 021 - 62572105
　　话　021 - 62865537　门市（邮购）电话 021 - 62869887
　　　　上海市中山北路 3663 号华东师范大学校内先锋路口
　　　　http://hdsdcbs.tmall.com/

　　上海商务联西印刷有限公司
　　7×1092　16 开

　　　　千字
　　　　3 月第 1 版
　　　　3 月第 1 次
　　　　- 7 - 5760 - 0535 - 6

青寄回本社客服中心调换或电话 021 - 62865537 联系）

好学校的性格色彩

这些年,我与中小学、幼儿园有许多"亲密接触"。从这些学校中,我发现了一个"秘密":好学校总有自己的性格色彩,总有自己的精神属性。

好学校有丰富的颜色

好学校一年四季都有风景。春天,你走进它,有各色花儿,红的像火,粉的像霞,白的像雪。夏天,你置身其中,绿草茵茵,就算骄阳似火,也有阴凉。孩子们可以踢球、打滚,可以任性。秋天,你老远就可以看到,枫叶红了,橘子黄了,婀娜多姿;冬天,你靠近它,香樟绿环绕着你,垂柳枝笼罩着你,你不会觉得单调。当然,环境的价值不在于"装扮",而在于让心灵沉静,让生命多彩。它是生命哲学的演化,是内心深处的讴歌与赞美。法国思想家卢梭说教育的核心是"归于自然"——回归"自然状态",回归人之原始倾向。善良总存在于纯洁的自然之中。好学校总是拥有自然的纯净与原始美,它努力让孩子们与美好相遇。静谧,美好——好学校是温润的。

好学校有足够的成色

成色是衡量一所学校教育境界的一个指标,是一所学校的"育人"含金量。如果一所学校的含金量定位为考试成绩,它的成色就是混浊的;如果一所学校的含金量定位为立德树人，它的成色就是清纯的。黎巴嫩诗人纪伯伦说过："我们已经走得太远，以至于忘记了为什么而出发。"教育是为着我们不曾拥有的过去，为着我们不曾经历的当下，为着我们不曾想到的未来。教育之原点在激发想象，而不仅仅是学习知识；教育之原点在发展理性，而不仅仅是讲授道理；教育之原点在鼓励崇高，而不仅仅是理解规范；教育之原点在丰富经历，而不仅仅是掌握技艺；教育之原点在温暖心灵，而不仅仅是强化记忆；教育之原点在强健身心，而不仅仅是发展智能；教育之原点在点亮人生，而不仅仅是预知未来。回归原点，是好学校的立场。不功利——好学校是纯粹的。

好学校有优雅的行色

优雅是让人向往的，有来源于生命本身的气质。每一个人都行色匆匆，孩子们被课业压得喘不过气来，教师被成绩比较而形成优劣阵营，这样的学校就不会是一所好学校。什么是好学校？孩子们表情舒展，教师们精神敞亮——每到一所学校，我总喜欢以这样的眼光去观察师生的生命状态。我发现，在好学校，孩子们的脸总是明晃晃的，有美好期待；教师的行色总是从容优雅，有专业自信。女孩子沁人心脾，男孩子风度翩翩，生命在人性层面焕发出动人光彩。一句话，每一个生命都自然而然地生长，这里有一种难以言说的气息在校园里弥漫开来、传播出去。面对此，我只能说：好学校是舒展的。

好学校有鲜明的特色

办学特色是一所学校整体呈现出来的系统性特征，集中表现在基于学校文化的课程体系。学校办得好不好，不在于规模有多大，而在于特色是否鲜明，是否有足以体现自己文化的课程架构。好学校行走在有逻辑的课程变革之路上，努力让学校课程富有倾听感，关注学生的学习需求；拥有逻辑感，建构严密的而非拼盘的课程体系；嵌入统整感，更多地以整合的方式实施而非简单地做加减法；饱含见识感，以丰富学生的学习经历为取向；提升质地感，课程建设触及课堂教学变革，课堂教学呈现出新的文化样态。一句话，好学校课程目标凸显内在生长，课程内容突出学习需求，课程结构强调系统思维，课程实施张扬生命活性，课程评价与管理彰显主体向度。好学校关注学习方式的多变性和场景性、学习时间的灵活性和可支配性、学习空间的多元性与舒适性、学习资源的丰富性和易得性，让所有的时空都成为课程场景，让孩子们学习作品的形成、展示、发布、分享成为校园里最美的景观，让时空展现出生命成长的气息和灵动。是啊，好学校有生命里最美好的记忆。

好学校有厚重的底色

厚重的底色不在于办学时间长短，而在于拥有强烈的文化自信。进入学校，我喜欢看墙上的"文字"。多年经验告诉我，文化不在墙上，很多时候，墙上的文字越多，学校的文化含量越低。道理很简单，大量文字堆放在墙上，说明这种文化还没有被老师们普遍认同，更谈不上内化于心、外化于行；说明这种文化还缺乏影响力，还没有被大众广泛接受，需要宣示和传播。一所学校是否拥有自己的教育哲学，是否拥有自己的教育信仰，是它"底色"如何的重要侧面。毫无疑问，好学校应该有自己的教育信仰。但是，教育信仰不是文字游戏，不是专家赐予的东西。信仰是从内心深处生长出来的，是从脚底下走出来的，是从指尖流淌出来的，是慢慢地生长、慢慢地走出来、慢慢地流淌出来的东西。唯有"慢慢地"才能"深深地"，"深深地"才能"牢牢地"，扎下根来，进入我们的灵魂，融入我们的血液，成为我们生命的构成，成为我们前行的力量。文化总是无言或少言，但让人作出判断和选择。好学校，你一走进去，一种向往感、追慕感、浸润感便油然而生。因此，好学校是柔软而有力的。

美国思想家梭罗在《种子的信仰》一书中把好学校比喻为"一方池塘"，每一个孩子在其中如鱼得水，自由自在，这就是"回归自然"的状态。不是吗？好学校总是这样的——温润，纯粹，舒展，美好，柔软而有力——这也是本套丛书聚焦的一批学校的性格色彩。

杨四耕

2019 年 5 月 30 日于上海市教育科学研究院

目　录

前　言　教育是一种智慧,更是一种情怀 / 1

第一章　灵韵：让文化润泽精灵 / 1

岁月,犹如一条长河,在奔腾流淌的旅程中,常常激起绚丽的浪花。历史,像一面镜子,在回光的一瞬间,常常辉映出授业者背后深深的足迹。这里是知识的沃土,是成长的摇篮,是希望升起的地方。

第一节　每一个孩子都是精灵 / 2
第二节　学校是生命绽放的地方 / 6
第三节　用美好温润儿童的心灵 / 11
第四节　培养一个活泼泼的孩子 / 16

第二章　灵心：让心灵高贵而纯粹 / 23

高贵的灵魂,铸就伟大的人生;美好的心灵,让生命更有价值。在培育美好心灵的肥沃土壤里,学校建立了一套完整的育德策略：从宏观到细节,从规范到引导,从知晓到体验,让每一个孩子的情操得到陶冶,让每一个孩子的灵魂变得高贵而纯粹。

第一节　从宏观到细节：润物无声 / 24
第二节　从规范到引导：细微落实 / 29
第三节　从知晓到体验：升华素养 / 45

第三章　灵趣：让经历丰富学习 / 53

知识的积累离不开广泛的学习，能力的提升需要实践的历练。富有儿童味的小精灵之旅课程，通过"博学广场"、"精灵舞台"、"创智天地"、"陆陆习礼"等活动形式，丰富了孩子们的学习经历，为他们打开了生命提升的绚丽之窗，为他们撑起了快乐成长的蓝色天空。

第一节　把美好种进儿童心田 / 54
第二节　丰富而活跃的课程图谱 / 59
第三节　学校课程的立意和归旨 / 70
第四节　立体而有深度的课程实施 / 74

第四章　灵智：让大脑自由灵活 / 85

有人说，教育是一种智慧，更是一种情怀。富有智慧、饱含激情的课堂教学总能唤起孩子的智慧，沁入儿童心灵，让学习真正发生。这种唤醒心灵的课堂教学，常常让孩子们情趣盎然，让孩子们智慧碰撞，让孩子们大脑变得自由而灵活。

第一节　让课堂看得见完整的人 / 86
第二节　不局限在教材里 / 91
第三节　充满灵性的教学智慧 / 98
第四节　让学习真正发生 / 107

第五章 灵活：让评价撬动变革 / 113

评价是价值判断的过程。我们学校特别强调评价的情境性、真实性以及过程性，重视学生解决问题的过程，重视采用灵活多样的评价方法调动师生参与评价的积极性。学校的评价改革彰显了儿童中心的立场，这样的评价使每个孩子的自信心得以增强，潜能得以发挥。

第一节　阶梯式评价的节点 / 114

第二节　争章性评价的活性 / 117

第三节　积分制评价的耐力 / 121

第四节　赛事性评价的功效 / 124

第五节　站点式评价的价值 / 132

第六节　证书式评价的魅力 / 137

第六章 灵致：让学校管理充满智慧 / 143

管理是科学，也是艺术，是智慧共生的旅程。当我们以科学的眼光去审视学校管理规律，用艺术的技巧去运用学校管理方法，学校发展总是以她特有的、最美好的姿态呈现在我们的眼前。立足于学校实际，着眼于学校未来，对学校管理来说，适合自己的才是最好的。

第一节　让管理看得见 / 144

第二节　感受管理的温情 / 155

第三节　让教师成长更具张力 / 164

后　记 / 173

前 言

教育是一种智慧,更是一种情怀

让我们轻轻地翻开您的画卷,
回溯您流光溢彩的漫漫征程;
让我们虔诚地聆听您的倾诉,
重温您一路走来的激昂歌声。
……

这是 2016 年 10 月马陆小学(以下简称马小)建校 110 周年庆典上被朗诵的诗句。这所百年老校,历尽沧桑,数度迁徙,几次易名,可她本色依旧,培育了一代又一代的莘莘学子。

为了深入贯彻立德树人的教育改革立场,落实课程改革理念,近年来,马陆小学结合享誉海内外的"马陆葡萄",提出了"弘葡萄清新之品,扬骏马奔腾之质"的"小精灵教育"。"小精灵教育"的诞生为马陆小学教育教学的发展定下了基调,指明了方向。"小精灵教育"激励全体马小人要像葡萄那样,清新怡人,团结协作,相依相存,把孩子们培养得如葡萄般清新、纯洁,让他们成为生命的精灵。

学校把每一个孩子都当作生命中的精灵,尊重孩子们活泼灵动的自然天性,遵循孩子们心理发展的自然规律,让他们在自然和谐的环境中快乐成长。美丽的校园要成为孩子们人格锤炼之场,成为孩子们智慧碰撞之地,成为孩子们身心发展之域,成为孩子们精神发育之所……著名教育家陶行知先生所倡导的"教育要解放孩子们的手,让他们尽情去玩;解放孩子们的脚,让他们到处去跑;解放孩子们的脑,让他们自由去想;解放孩子们的嘴,让他们随意去说去唱"的教育观,不正是"小精灵教育"的精髓吗?

为了切实有效地实施"小精灵教育"蓝图,围绕"用美好温润儿童心灵,让经验伴随儿童成长"的办学承诺,在有关专家的指导下,学校组织教育教学一线的老师,研究编写了集童话故事与绘本于一体的儿童化课程——《小精灵之旅》,以马小文化使者——"陆陆"为主人公,以她的成长过程为主线,生动形象地勾画出"陆陆"小学一到五年级的成长足迹。课程有助于孩子们打开人生之路的绚丽之窗，也为孩子们撑起了幸福快乐的蓝色天空。

为了有目的地进行精灵教育的各项活动，学校德育工作部专门成立了研究小组——"骏马轩"。为了挖掘乡土文化，他们先后编写了多册校本教材，如彰显马陆地方特色的《葡萄的自述》，这一教材已被收入"上海乡土文化特色课程"；在此基础上，又汇编了葡萄系列课程——《葡萄的实践之旅》等。这些教材充分地挖掘了葡萄的育人元素，确立了"笃实、向上、合作、进取"的价值取向，为孩子们的健康成长找到了依托的载体。

教育是一种智慧，更是一种情怀。为了让孩子们形成基本的核心素养，学校课程教学部及时提出了"让课堂灵动智慧，让大脑自由灵活，让学习真正发生"的素养形成路径，确立了"启动情智、以情促智、发展情智、情智共生"的课堂教学理念，让孩子们在情趣盎然中参与学习，在思维碰撞中获得新知。这也激励每一位教育者用智慧使学习真正发生，让每一个孩子真正参与到学习中来，这样的课堂不正是"唤醒孩子心灵"的教育吗？

教育变革的关键在于回归教育的本源，聚焦儿童成长的出发点，了解孩子的发展规律，并依据孩子发展的动态变化开展适切的教育教学活动。自2015学年起，学校在开展小精灵教育深度自觉活动中，寻求学校评价方式的突破，探索实施了一系列小精灵发展性评价项目，引领并促进每一个孩子走向自我发展的新境界。这些项目的共同特点是：将孩子需要达到的近期目标、中期目标、远期目标形成一个清晰的阶梯状结构，即"阶梯式评价"。这样的评价能使每一个孩子在对自己过去、现在和未来的认知中增强自信，发挥潜能，为孩子的终身学习和发展奠定基础。

学校管理是科学，也是艺术。几年来，"小精灵教育"把学校管理视为师生智慧共生的旅程。学校依据"南风法则"、"鱼缸理论"、"木桶原理"等现代化学校管理原则，倡导灵致管理，力求体现以人为本的民主氛围和"返璞归真"的生态意境。学校用文化引领师生的思想观念，为学校发展提供精神动力和思想保证。实践证明，制度的透明，能充分调动广大教职员工的积极性；民主的管理，能积极发挥教职员工的主人翁精神；温暖的关怀，能使一个团队凝聚力量，团结向上。

"小精灵教育"使学校教育教学不断走向优质；"小精灵教育"让教师的教育观念和教学行为发生了变革。孩子们在温润的环境中，头脑变得更聪明，生活变得更多彩，情感变得更丰富,心灵变得更美好……教育家吕型伟先生在谈论《儿童权利公约》时有一句精辟的话:"一个从小受到别人尊重的人,长大以后也一定会懂得尊重别人。"在《把美好种进儿童心田》一书中,我们不难发现,书中六个章节里都有一个共同的关键词,那便是"尊重",尊重孩子的自然天性,尊重孩子的心灵发展,尊重孩子的潜能发挥,让每一个孩子都能成为小精灵。

马小的孩子是快乐的,因为"小精灵教育"让他们有了一个学习和成长的良好空间;马小的孩子是幸福的,因为他们在学校和老师眼里都是可爱的小精灵;马小的孩子更是幸运的,五年的小学生涯,让他们的心灵更纯洁,身体更健康……几年的实践证明,"小精灵教育"已经取得了可喜的成绩,结出了丰硕的果实,《把美好种进儿童心田》一书的出版,就是最好的见证。

"葡萄文化"引申出了"小精灵教育",紫色葡萄代表了小精灵的最高境界! 最后,让我们用一首小诗作结:

紫色代表着幸运与快乐:
如果你们没有遇到彼此,
拥有再多再多,
也是缺憾。
幸好,
我们拥有彼此,
失去再多再多,
也是圆满……

2020 年 1 月 5 日

第一章

灵韵：让文化润泽精灵

岁月，犹如一条长河，在奔腾流淌的旅程中，常常激起绚丽的浪花。历史，像一面镜子，在回光的一瞬间，常常辉映出授业者背后深深的足迹。这里是知识的沃土，是成长的摇篮，是希望升起的地方。

穿越时光的隧道,这所创办于1906年,坐落在嘉定区马陆镇的马陆小学,笃实育人,走过了百年。在一百多年艰辛的办学历程中,几代马小人以自强不息的奋斗精神、顽强的毅力和坚忍不拔的工作作风,淡泊名利、勤俭治校、呕心沥血、为国育才。为了学生的健康成长,为了社会的进步发展,为了祖国的繁荣富强,倾注了全部的心血,凝聚起强大的"马小精神",构建起拥有时代气息的"马小文化"。学校秉承"笃实、向上、合作、进取"的办学精神,以"科学精致、自然灵动、品质为上"为办学目标,以"亲近自然、纵情书香、涵养气质"为办学理念,坚持践行"用美好温润儿童的心灵,让经验伴随儿童的成长"的办学承诺,努力实现"每一个孩子都是精灵"的办学愿景,让孩子更快乐、更自然地成长。

第一节　每一个孩子都是精灵

马陆是一个地域文化深厚、产业文化新兴、生态环境优美的城镇,"马陆葡萄"享誉海内外,因此学校提出"弘葡萄清新之品",要求全体师生做人要像马陆葡萄,清新怡人、团结合作、相依相存。我们的孩子如葡萄般清新、纯洁,是生命的精灵,"小精灵教育"应运而生。

"小精灵"在神话世界中是一种正义、可爱、聪慧、活泼的生物。"小精灵教育"是我校基于本土特产马陆葡萄而引申出来的对教育哲学的思考。在我们看来,每颗葡萄就是一颗精灵,每个孩子都是一个精灵。

一、自然的精灵

18世纪法国伟大的启蒙思想家、教育家卢梭认为:"出自造物主之手的东西,都是好的,而一到人的手里,就全变坏了。"每个人的心智都有它自己的形式,必须按它的形式去指导。教育应尊重孩子的天性,让他们自由、快乐地发展。

天真活泼、好玩好问是孩子的天性。这个天性包含形成兴趣、爱好、情感、意志等自由创造能力的早期心理基础,它对孩子日后的发展至关重要。

卢梭指出,"儿童是有他特有的看法、想法和感情的,如果想用我们的看法、想法和感情去代替他们的看法、想法和感情,那简直是最愚蠢的事情。"如今不少父母对子女寄予过高的期望,为孩子报各种各样的兴趣班和辅导班,把考试和升学作为孩子的奋斗目标。孩子生活的目标和内容也窄化为读书,他们被动地接受学习,内心的爱好往往会被抹杀,同时也牺牲了他们自我发现、自我探索的时间。天性是教育的出发点和前提,是不可教的,它是儿童成长的内部根基,不以人的意志为转移。因此,教育者必须尊重儿童的自由天性,依据儿童自身的本能、兴趣、需要率性发展。

教育顺应孩子的天性发展,就是要遵循孩子身心发展的自然规律和针对每个孩子的不同情况因材施教,把思考的自由、判断的自由还给孩子,给他们自由发展的空间,不断引导他们正确认识自己,以及自己与大自然、社会的关系,发展他们的各项基本能力,特别是重视感官能力和生存能力的培养,使之成为一个能够自由支配自己的体力和意志,面对社会具有独立思考和理智判断能力,符合天性、身心和谐发展的自然人。

二、独特的精灵

每个孩子都是一个鲜活的生命,每个孩子都是一个独一无二、丰富多彩的世界。

德国哲学家莱布尼茨认为:"万物莫不相异,天地间没有两个彼此完全相同的东西。"确实,每个孩子都是独特的,都是一个与别人不一样的独立个体。有的孩子心细,但做事不够果断;有的孩子记忆力好,但反应不够快;有的孩子粗心,但做事很大气;有的孩子学习不好,但动手能力很强。金无足赤,人无完人,此消彼长。

每个人的独特性就是他的个性,而创造性的培养与个性密切相关。创新是人首次获取崭新的精神成果或物质成果的思维与行动,其本质是新的、独特的、与众不同的。可以说,缺少个性就难以发挥创新能力。每个学生都具有不同于他人的素质和生活环境,都有自己的爱好、长处和不足。教育者要有一双会发现的眼睛,多渠道去认识和了解学生,依据学生不同的背景和特点,发展性地判断每个学生的特点和潜力,为每个学生提出适合其发展的、具体的、有针对性的建议,让他们在原有的基础上都得到进步,从而使其特长得以发挥,个性得以张扬。

教育家陶行知先生说过:"解放孩子们的手,让他们尽情去玩;解放孩子们的脚,让他们到处去跑;解放孩子们的脑,让他们自由去想;解放孩子们的嘴,让他们随意去唱去说。"教育要以学生为中心,把自主权交给学生,让他们大胆独立思考,积极实践,随时随地发展自己的思维。这样,才可能有更多的爱迪生,更多的牛顿出现……教育要为孩子创造一个自由成长的环境,不但要给予孩子开放的学习环境,还要给予他们消化思考的学习时间,从而解放学生,让学生得以自由,让他们将最好的特质发挥到极致,即每个孩子都能获得认知的自由,思考表达的自由,成为自由的学习主体。

三、生长的精灵

教育倡导尊重儿童,使一切教育和教学符合儿童的心理发展水平和兴趣、需要,但这种尊重绝不是放纵。"如果只是放任儿童的兴趣,让他无休止地继续下去,那就没有'生长',而'生长'并不是消极的结果。"

人的一生就是持续不断地生长、发展的过程。儿童生长具有两个特征,一是依赖性,二是可塑性。杜威指出"依赖伴随着能力的成长",而非寄生状态,儿童身体是软弱的,但是他们有社会能力,我们不应该把他们看成只能寄居的弱小个体,忽视他们生长的能力。对于可塑性,杜威认为是"未成熟的人为生长而有的特殊适应能力",这种可塑性也是儿童自身的主动性,是从经验中学习的能力。概括来说,儿童生长能力的形成,既离不开别人的帮助,也离不开自己的学习。

教育就是通过组织保证生长的各种力量来促进儿童的生长,一切从学生的需要出发,以促进儿童的生长为重心,激发学生持续生长的愿望。

我们倡导儿童在生活中生长。学校教育是社会生活的一种形式,学校应当呈现现实生活,即对儿童来说真实而富有生机的生活,像在家庭里、社区间、活动场上所经历的生活那样。学校生活应是儿童家庭生活经验的延续、增进和重组,而不是隔离和决裂。我们要让孩子乐于从生活中学习。

我们倡导儿童在经验的改造中生长。经验在教育中占有极其重要的地位,是教育的灵魂和支柱,离开了经验就没有生长。教育就是传递人类积累的经验,丰富人类经验的内容,增强经验指导生活和适应社会的能力,从而把社会生活维系和发展起来。教育的主要任务不是教给儿童既有的科学知识,而是让儿童在活动中自己去获取经验。儿童各个方面的生长皆是于经验中获得的,但是儿童的经验并不都是具有教育意义的,所以教育还是经验的继续改造,有目的的、向前的、积极的改造后,经验会变得更加丰富、圆满,经验改造的实质是促进经验不断生长。经验改造不只是知识的积累,而是构成儿童身心的各种因素的全面改造、全面发展和全面生长。

我们倡导儿童在活动中生长。活动能"培养技能、创造性、独立性和体力——一句话,能培育人的性格和知识"。喜欢活动是儿童的天性,儿童具有强大的潜在动力,教育必须尊重和利用这种动力,让儿童在活动中求知和生长。在活动中生长是儿童的内在需要,而不是外在的强迫和负担,它解放了儿童的全部力量,使他们能够享受做事的快乐,认识到活动本身的价值。学校教育要供给儿童活动的机会,让他们获得自由而全面的生长。

每一个孩子都具备生长的能力,教育就是让孩子持续地生长,使他们的各种能力不断地发展。

四、发展的精灵

没有儿童是一成不变的,每个儿童都是不断发展的个体。每个个体的潜能都是不可估量的,如果以静止的眼光看待儿童,他们的潜能就会被忽略;一旦被忽略,则很有可能会被永久地埋没,这对儿童日后的发展极为不利。

维果茨基的"最近发展区"理论为我们提供了一条了解儿童发展的途径,引导教育者用发展的眼光正确看待儿童的能力,挖掘儿童潜在的发展水平。所谓"最近发展区",是指儿童独立解决问题的实际发展水平与在成人指导下或在有能力的同伴合作中,解决问题的潜在发展水平之间的差距。儿童的实际发展水平指的是儿童在某一特殊阶段的智力发展水平,它标志着儿童一些官能的成熟,而最近发展区则意味着那些在成长和发展中的官能还未成熟。对儿童而言,最近发展区会因其所处的社会、文化背景及所拥有经验的不同而不同。儿童的最近发展区可以使我们勾画出儿童最近的未来以及儿童动态发展的全貌。

教师不仅要了解学生的实际发展水平,还要了解学生的潜在发展水平,并根据学生所拥有的实际发展水平与潜在发展水平寻找其最近发展区,把握"教学最佳期"以引导学生向着潜在的、最高的水平发展。

根据"最近发展区"理论，我们要注重培养儿童解决问题的能力，为学生提供解决问题的机会，通过问题解决鼓励学生学习，以超过他们现有的知识和技能发展水平。在解决问题的过程中还要重视合作交往，让学生发现自我，增强主观能动性，能与他人进行合作，共同成长，从而让自己的个性得到发展。

综上所述，我们把每个孩子都当作生命中的精灵。我们尊重每一个孩子的自然天性，遵循他们心理发展的自然规律，让他们和谐自然地成长；我们解放每一个孩子的手脚脑嘴，保证他们学习的空间和时间，让他们自由自主地成长；我们释放每一个孩子的内在潜能，激发他们学习的主动性，让他们全面持续地成长。我们努力把学习自主权还给孩子，为孩子个性发展预留空间，为孩子有效学习提供指导，促使孩子在学习的过程中学会终身受用的本领，最终实现自我教育。

第二节　学校是生命绽放的地方

学校是什么？家长认为，学校是孩子学习的地方；老师认为，学校是让学生接受教育的地方；孩子认为，学校是他们交朋友和成长的地方。我们认为，学校是让孩子生发快乐的地方；学校是让孩子学习体验的地方；学校是让孩子自由绽放的地方；学校是让孩子追逐梦想的地方……

一、学校是人格锤炼之场

现代教育学认为，教育是培养人、造就人的一种社会活动，所以教育的主要任务是塑造人，塑造一个具有高素质、良好品质、健康人格的人。其中，学校教育在学生的人格形成过程中起重要作用，教育之根本首先在于培养人，培养拥有健康人格的人。

人格健康是人的健康中很重要的一方面。一个具有健康人格的人，其实质在于做到"和谐"——认知和行为的和谐，内在情绪与表达的和谐，动机和行动的和谐，兴趣和爱好的和谐，个人与他人的和谐，个人与社会的和谐，理想和现实的和谐。拥有健康人格有助于学生形成正确的自我认识：既不妄自菲薄，也不妄自尊大，客观认识自我，具有很强的自信心。这样有助于学生提高人际交往能力，能够在人际交往中体验到自尊、理解和信任；有助于形成开朗、热情、坦诚和乐观向上的优良品格，对未来充满希望；有助于他们形成积极向上的人生观和价值观，有崇高的理想、信念和追求，并且在自我追求中体验到成功的喜悦。由此可见，学生健康人格的培养是学校教育的根本。

教育家苏霍姆林斯基认为，教育应关心学生每一个方面特征的完善与和谐。目前，许多国家都把人格培养放在学校教育的核心地位，从教育大纲、课程设置、教育形式、教育方法上都注重对学生人格的培养。学校教育要注重培养学生积极进取的人生态度，为人处事的自信和主动精神，对科学的热爱与执着追求的毅力，全面发展他们的个性，使其身心健康，更好地适应环境，以良好的心态迎接未来的生活。

学校教育之所以在影响孩子人格形成方面起主导作用，首先是因为学校教育有方向性作用，教师对学生的态度、评价直接影响着社会和家庭对孩子的态度；其次是因为学校教育有选择性作用，孩子最终要进入社会，进入社会中的哪个层面，能干什么，要看其在学校受到什么样的教育。所以说，良好的学校教育能使学生形成健康的人格，反之则造成人格的缺陷。

学校是人格锤炼之场，在对学生培养时应做到：树立正确的人才观、师生观，发掘每个学生的潜能，让他们都能有个性地、身心健康地发展；用楷模的力量、美好的人格去唤醒学生，以平等造就平等，以宽容培养宽容；用真诚关爱每一个学生，让每一个学生为自己是这世上"独一无二"的人而自豪；帮助学生找到自信，充分相信学生的潜能，营造民主、和谐的教育氛围。

一个孩子在愉快的环境里长大，他就学会开朗；在关怀的环境里长大，他就学会善良；在接纳的环境里长大，他就学会宽容；在鼓励的环境里长大，他就学会自信；在公平的环境里长大，他就学会正义；在积极向上的环境里长大，他就学会勤奋。

学校是一个让孩子生发快乐的地方，学校要为每一个孩子的健康人格保驾护航，让孩子能感受到每天都是新的、美的、快乐的、有意义的。

二、学校是智慧碰撞之地

学校是一个让孩子自由学习的地方。学习是人类的潜能，是人类的本性，是人类的基本需要。学校教育、课程与教学的根本价值不是知识，不是生活，也不是生命，其根本价值在于挖掘人的学习潜能，满足人的学习需要，从而去传播知识、优化生命、美化生活。学校存在的意义也不仅仅在于传承文化，延续教育，还在于让学习随时随地发生。学校就是给孩子营造一种氛围，让他们按照自己的兴趣和喜欢的方式去体验、去学习。

每一个人的成长都需要自我发现、自我选择、自我设计，学校教育就是要为他们的发现、选择、设计提供条件，从而构建起他们独特的精神世界。学校教学的舞台是为学生搭建的。教学的目的是为了学生的学，教学的根本是为了学生的成长。课堂拿什么让学生快乐学习呢？我们认为：学生对知识的获得应是一种意趣的发现、主动的拥抱和快乐的渴求。学习中快乐的本源在于发现，调动学生探究的积极性，使学习过程成为不断发现的过程，学生自然乐趣无穷，让学生在课堂上善于发现，学会思考，乐于表达，兴趣就会油然而生。

一个学生的发展最终与他学习什么，以什么心态投入学习有关系。所以学校要设置丰富的课程，满足学生自主发展的需要。学生在学校的生活，我们要有一个全局化的统筹，用课程育人的观念看，学校生活里，一切都是课程，一切都是教育。随着新课程改革的不断深入，学校课程建设已从校本课程的局部开发走向整体性学校课程建设的阶段。特别是基于文化引领的学校课程建设已经成为优质学校变革的趋势和方向。学校文化引领是学校课程规划的"蓝图描摹"，是课程结构的"静态模型"，是课程实施的"动态运作"，三者有机结合才能完整地勾勒出学校课程建设的全过程。学校课程规划要采用"内生性"设计理念，以学校文化引领为基点，以学生核心素养为理念，以整体贯通为路径进行学校课程的顶层架构，努力做到将学校课程建设植根于学校文化上，使学校文化真正落实到学校课程中，赋予学生可持续发展最强劲的动力与最丰富的可能，让学校真正成为孩子们学习体验的乐园。

三、学校是身心发展之域

学校教育作为教育的核心环节，对青少年的身心发展起着至关重要的作用。学校教育应发挥其应有的作用，不仅要提高儿童的知识文化水平，还应该顺应儿童身心发展的阶段性、顺序性、个别差异性等特点，关注他们的身心发展，锻炼强健的体魄，塑造健康的心理,注重儿童健全人格的形成。

长期以来,受传统的教育理念和社会大背景的影响,人们更多关注儿童智力的发展,而没有将教育重点放在非智力因素上,结果导致现在少年儿童慢性病的发病率显著上升,肥胖、糖尿病、颈椎病、骨质疏松、冠心病、动脉硬化、高血压等"成人病"毫不留情地向我们的少年儿童逼近,慢性病的低龄化令人担忧。另外,心理疾病危害少年儿童的健康,全国部分城市教育主管部门组织心理学专家、教授对青少年心理调查的综合结果表明,青少年中61%的人有不同程度的心理问题,主要表现在学习适应不良、人际关系紧张、孤独感、情绪失调、焦虑、抑郁、敌对、偏执、强迫倾向等方面,其中焦虑和抑郁排在前列。

少年儿童是祖国的希望、民族的未来。广大学生身心健康、体魄强健、意志坚强、充满朝气与活力,是一个民族旺盛生命力的最好体现,是现代社会文明和进步的重要标志。学校要从"硬环境"和"软环境"两方面入手,积极地创建文明、有序的环境与和谐优雅的氛围,重视学生体质与心理健康,努力追求与创造适合每个学生身心健康和谐发展的教育。

学校"硬环境"是指学校中对学生的身心发展产生实际影响的、有较为明确的要求和具体评价标准的客观条件,如学校中的学科设置和教学计划,学校的常规管理以及教学设备、周边环境等。学校要切实将体育纳入学校总体发展规划中,保障学生体育活动的物质环境。如大力推进学生课外体育活动和大课间活动的开展,落实学生每天一小时体育活动的要求,丰富体育锻炼的内容,激发学生锻炼的兴趣,提高体育锻炼的效果,从而提升学生整体健康水平。

与"硬环境"相对应的学校"软环境"则是指学校中客观存在的、主要由教师控制和把握的、经常以潜移默化的方式对学生的身心发展产生影响的各项条件。从学校"软环境"的改善和建设入手,优化学校教育环境,是贯彻落实素质教育的重要环节,是推进和实施学校心理健康教育的关键,是促进学生身心健康发展,培养具有良好心理素质的人才的有效途径。学校教育应坚持科学实践发展观,牢固树立"健康第一"的现代科学教育观念,坚决树立以学生为本、全心全意为提高学生体质健康水平服务的科学观念与责任意识,注重培养孩子良好的体育锻炼习惯。重视并加强学生心理健康教育,加强心理健康教师专业队伍建设,重视优良校风和班风的培育,营造民主平等的心理氛围,倡导团结合作的互助精神,培养具有良好心理素质和社会适应能力的高素质人才。

四、学校是精神发育之所

学校应是孩子们追逐梦想、共享快乐的地方。学校是孩子们童年生活的重要场所，这里应当有丰泽的文化、良好的设施、众多的伙伴、善良的教师。这里应为每一个孩子的生活提供丰富而合适的资源，学校应当是一个开放的社区文化教育中心，使每个孩子感受到每天都是新的、美的、有意义的。

作为完善人格培养不可缺少的环节，美育与德育、智育、体育是并列的。学校在培育人的过程中，应该通过审美实践陶冶性情，美化心灵，丰富儿童的精神生活，启发儿童的自觉性，提高儿童对美的感受、鉴赏和创造的能力。审美教育不仅是人品的教育，而且是爱美的、情感的教育。它没有一般教育的强制性，主要是通过人对美的感受，引起感情的激荡，使儿童在潜移默化的氛围中得到熏陶和感染。"它像空气一样包围着受教育者，让他不知不觉而又自觉自愿地去感受、去体会，从而心甘情愿地接受教育"。可见，美育对学生的全面发展更具教育影响力，也更加牢固，不易改变。

学校在实施美育的过程中，教师的表率作用是对学生无声的审美教育；日常的课堂教学，处处都有审美教育；课外的实践活动，亦是美育的重要场所；文化的熏陶，对学生美育所起的作用也越来越明显。

我们秉持校园文化自然润泽的法则，笃实向上，犹如一匹驰骋的骏马扬鞭奋蹄，疾风而驰。漫步在马陆小学的校园，无处不彰显校园文化的内涵风采，举目眺望，皆有文化意境扑进眼帘：喜迎学子的"携手追梦"，绿韵依依的"葡萄雅苑"，紫气东来的紫藤东廊、清新怡人的葡萄西廊，与正中央的秀石流水珠联璧合，构成一幅别开生面的小精灵"双龙戏珠"图，衬托着东北角的"小精灵"绿色景观，精致灵动的小山流水与昂首翘盼的"立马涌泉"正是马陆小学信奉的骏马精神的形象诠释。还有诸如"马小文化使者——陆陆迎宾"、"精灵活动乐实践——学习广场"、"艺术风采我展示——精灵舞台"、"葡萄智能巧种植——探究园地"、"领巾阅读勤博览——主题书吧"、"智囊民主广纳谏——议事咖吧"、"琴音共振奏和声——和弦音吧"等有声有色的学校文化，可谓雅韵、艺韵、棋韵、书韵交相辉映，墙面、长廊皆成课堂，给学生创设了美好的课程场景。

一所学校，它的建筑与景观的布置不仅要为教学活动提供良好的物质条件与环境，给人以美的感受与熏陶，更要为塑造学生的道德品质和文化气质提供精神依托。

一个人置身校园随时随处可以学到新知识，感受到一种科学与人文的气息。高格调的学校文化品位，能够营造出一种和谐而不刺激、存在却不张扬、易于学生在不知不觉中感受"润物细无声"的意蕴。

总之，把一个人的体力、智力、情绪、伦理各方面的因素综合起来，使他成为一个完善的人，是教育的基本目的。

教育即解放，解放孩子的自然力、解放孩子的创造力、解放孩子的生长力，解放孩子的发展力。教育应着眼于学生未来的发展。人的生存是一个永无止境的发展过程，任何人都是一个未完成的人，都需要不停地发展，不断进行自我更新。教育应当培养完善的人，帮助学生发现通向完美的"道路"，但并不是实现"完人"。教育的价值应该定位在"使命"和"道路"上——使每一个学生都发现适合自己的道路并行进在道路上。

我们需要在明确教育目的的基础上，正视学生差异的存在，尊重和欣赏学生的个别差异，将学生的个别差异视为教育教学的组成要素，从学生不同的水平、兴趣和学习风格出发来设计差异化的教学内容、过程，最终"促进所有学生在原有水平上得到应有的发展"，从而促进人的发展，培养体力、智力、情绪、伦理各方面完善的人。

第三节　用美好温润儿童的心灵

意大利教育学家蒙台梭利认为，教育就是激发生命，充实生命，协助孩子们用自己的力量生存下去，并帮助他们发展这种精神。从立德树人的角度来说，教育其实就是培育人、成就人、发展人的事业，是对受教育者终身产生影响的事业。教育不仅有温度，而且还有宽度，以教带育，以育促教。

教育是有温度的，是人与人之间相互影响、相互促进、相互成长的过程，教育是在与人交往的过程中实现教育功能的。

教育是有宽度的，要通过教育让孩子坚实人生成长的脚步，而不仅仅是知识的传递。教育的宽度是指在教的同时不断地育，育人、育心、育灵魂，因此教育要突破只教不育的禁锢，既教知识、教做人，又育心、育灵魂。

一、教育是美好的情愫

教育,是向美而生的事业,是与美的相遇。生命与生命的相遇是美的,学生与老师、学生与学生、学生与自我的相遇都是美的,所有的相遇都是为了拓展一个更宽阔的世界,让他的世界变得更大。

从某种意义上说,教育就是要让人成为一个新人、一个美人。"美人"不是指长得漂亮,而是指成为知识、心灵和行为上的美人。美是对一个人最高的评价,美可以穿越时间,美的价值是恒久不变的,真正的教育最终都要通向这个目标,即在变化的时间中寻找确定不变的价值。

其实,很难找出一把尺子衡量事物美还是不美。但是,日常生活中,我们又能切实地感受到"这样很好,很美"。这说明,虽然没有统一的尺度去衡量一件事的"美感指数",但是人类共有的价值观,却可以让我们发自内心地共同赞美同一件事。但凡真实的、友善的、愉悦的行为,都能带给人们美的享受,我们的教育也是如此。

对每一个孩子而言,我们不能保证他的每一个生长节点都是完美无缺的,因为他不是一个完人。但是,每一个孩子又都有自己的闪光点。教育就是要善于抓住一个人在某个瞬间的好行为、好想法,在发现中肯定,在肯定中激励,在激励中传播,在传播中影响每一个人,让这些行为慢慢地由一个偶然的行为变成稳定的行为,从一个人的行为变成一个群体的共识,并逐渐成为一个组织中共同的价值追求。发现、培育、传播好的行为,造就好的行为,这才是教育的魅力。

教育是心灵的事业,其意义在于帮助学生挖掘心灵中美的源泉,让心灵的质地向美而生。我们的教育应当是让学生因受教育而美好,或者说,在教育的过程中,感受到美好,因所受的教育而感觉到生活的美好,并且对美好保持向往和期待。我们要用美的教育,让孩子们拥有自由飞翔的翅膀,在美轮美奂的天空中翱翔,让他们美美地学习,美美地生活,美美地成长,直到他们都长成美丽的风景。

张爱玲说:"于千万人之中,遇见你所要遇见的人。于千万年之中,时间的无涯的荒野里,没有早一步,也没有晚一步,刚巧赶上了,那也没有别的话可说,惟有轻轻地问一声:'噢,你也在这里吗?'"这是最平淡,也是最美丽的相遇,让我们用包容的心态、发展的眼光看待孩子的成长,做孩子生命中的贵人,让教育成为幸福而美丽的遇见!

二、教育是温润的滋养

教育应该是温润的,是充满人文情怀的,不应为了成绩而放弃教育本真,要让成绩来得自然。在学生犯错误时,老师和学校的处理方式最能体现教育是否温润。温润是可以传递的,也是可以自生的。例如老师没教出好成绩,校长如果是温润的,应该是帮助他找原因,然后给予建议。非常优秀的教师,有良好情绪管理能力的教师,有鲜明的做人原则的优秀教师,应该是让孩子快乐,多和孩子交流,走入孩子内心世界,如水温润的教师。这样,孩子的人生历程犹如流淌在山间的清泉,奔流不息!

教育应该是温润的、充满人情味的,如春雨般随风潜入夜,润物细无声;教育是包容、是等待、是耐心、是体谅,是经常换位思考,是不与孩子们硬碰硬,是不与孩子们瞎较劲;教育是小心翼翼地呵护他们的自尊心,尽量不碰触他们极力用自尊掩盖的自卑。让每个学生都感受到他在老师心中有个位置。不忽视任何一个学生,让他们感觉来到这个世界上是温暖的,来到这个世界上是找幸福的。教师应真正走入孩子的内心世界,了解孩子真正的需求。

教育应该有一颗温润的心。教育如琢玉,温润而明仁。我们坚信每一个孩子都是一块璞玉,只要善施教化,因势利导,以温柔的人文情怀,坚韧的民族精神,从大处着眼,由细微处入手,精雕细琢,必将造就每一个生命的光彩。如何以温暖的情怀、海纳百川的胸襟给予学生爱?这需要我们以春风化雨的方式去润泽每个学生的心灵。要学会倾听儿童、帮助儿童、尊重儿童,这样我们才能走进儿童的精神世界,在彼此的尊重信任中共同发展。我们期待,我们的教育里有关爱、有平等、有温馨、有快乐;我们的教育里有信赖、有互动、有尊重、有对话。这不是一种理想,不是一个神话,也不是一种奢望,只要用心去构筑,用爱去浇灌,我们的教育一定是温润的。

三、教育是优雅的行走

学校需要优雅的教育。优雅对于学校来说,是好的环境和氛围,是培养人的重要目标;优雅对于教育者来说,是必备的基本素质和情怀,是对学生教育的示范和引导;优雅对于学生来说,是自信满满、文明大方的行为和习惯。学校因优雅而令人向往,教师因优雅而受人尊敬,学生因优雅而闪耀光芒。

　　教育是一门"慢"艺术,它是一个缓慢而优雅的过程。叶圣陶先生说:"教育是农业,不是工业。"教育就应该像农民种庄稼一样,必须按照大自然的规律和作物生长的习性来办事。疏松土壤、播撒种子、浇水施肥,然后就是耐心等待,等待庄稼发芽、开花、结果,既不能违背天时,也不能拔苗助长。

　　"慢教育"意在强调教育是一种慢活、细活,是生命"时雨化之"的润泽过程。无论是在日复一日、平平常常的教育活动中,还是在锐意变革、持之以恒的教育改革进程中,站得高一点,看得远一点,从更长的时间与更大的空间谋划一所学校的发展与进步,我们的教育才是优雅的。教育的变化是极为缓慢的,我们教育的效果到底如何?我们推进的教育与变革,对学生思想与行为的影响有多大?这些都无法通过推出一个举措就能看到效果,更多的是需要学生用一辈子的作为来检验。所以,教育需要以耐心和从容的态度,来注意学习的细节,并对学生学习的情形加以了解和指引。只有让学生亲身经历问题的发现、知识的探索过程,师生才可能享受到探求知识、追求真理过程的趣味盎然,学生全面、和谐、可持续发展才不会是空中楼阁。

　　在这条优雅漫长的教育之路上,孩子是路上的行人,而老师就是引路人。身为师者,我们不如放平心态,静静守候,放慢脚步,陪孩子一起笑看沿途风景,优雅地行走……

四、教育是心灵的点亮

　　德国著名教育学家斯普朗格曾说过:"教育的最终目的不是传授已有的东西,而是要把人的创造力量诱导出来,将生命感、价值感唤醒。"马克思也说过:"教育绝非单纯的文化传递,教育之为教育,正是在于它是一种人格心灵的唤醒。"因此,教育是师生心灵和谐共振、互相感染、互相影响、互相欣赏的精神创造过程,它是"心灵对心灵的感受,心灵对心灵的理解,心灵对心灵的耕耘,心灵对心灵的创造。"

　　教育的过程不是技巧的施展,而是充满人情味的心灵交融。要正确塑造儿童的心灵,首先要做到的就是认识儿童,进入儿童的心灵世界,唤醒他们生命中的灵性和欲求。人总是有着一种生命的创造冲动的,常常对自我发展状况不满足和否定,致力于追求更高水平、更完善的发展。因而我们的教育应该呵护、关怀人的这种生命的冲动意识,用健康的思想、丰富的知识、真诚的行为去慰藉儿童的心灵,使他们在现实中能够大胆地去追寻自我、展现自我,在追寻和张扬中充分发展各种能力。

学生的灵性和欲求,总是发生在不经意之时,如果教育不善于发现这种灵性和欲求,就失去了唤醒的有利时机。因此,教育者要有一颗灵动的心,不时地去感受、去贴近学生;要有一双锐利的眼睛,去观察、发现他们的闪光处;要用真挚的爱,去对待、感化学生,期待他们的进步,接受他们的反复,等待他们敞开心灵。一句关爱的话,一个鼓励的眼神,一个信任的微笑,都能唤醒学生心灵深处的意识和潜能,使学生天性中最优美、最灵性的东西发挥出来。

教育需要心灵与心灵的碰撞、感情与感情的共鸣。多用心去想,多从孩子的角度考虑,只有点亮孩子的心灵,教育才会有丰盈的收获。

五、教育是智慧的实践

教育是有目的地培养人的活动,它的目的在于促进人的发展,培养人的实践意识和实践能力。它立足于真实、丰富、多元的生活。教育离不开生活、离不开实践,面向生活,面向实践,面向现实中的人,是教育的指向。

实践是认识的源泉,实践是认识发展的动力,实践是检验真理的唯一标准。教育应该以实践为取向,但这并不单纯指把学生带出校门和融入自然,而是要在整个教育过程中突出教育的实践属性,重视学生的自主参与、自我教育和自我发展,确立和保障学生的实践主体地位。

学生的发展只能由学生在实践中不断实现,外力虽能起到促进或阻碍作用,却不能代替学生主体自身的发展,教的目的是为了不教,所以教师要把学生发展的主动权还给学生,为学生的自主发展提供机会创造条件,在引导学生独立实践的过程中,鼓励学生独立分析问题、解决问题,从而提高综合能力和核心素养,使学生具备持续发展的不竭动力。

教育是师生共同交流学习、共同成长的实践过程,离开了实践,教育的活力将不复存在。我们要构建实践育人的长效机制。建立以学生为主体的目标体系,保证学生真正成为实践的主体;完善课程结构体系,使学生的知识能力能适应全球化时代瞬息万变的发展要求;形成以学生核心素养为考核标准的多元动态考核评价体系,使学生全方位获得适当的评价,以促进学生的可持续发展。

　　我们坚信,一颗葡萄就是一颗精灵;

　　我们坚信,一个孩子就是一个精灵;

　　我们坚信,教育是一篇美丽的童话;

　　我们坚信,教育是一件精美的艺术品;

　　我们坚信,教育是用美好浸润儿童的心灵;

　　我们坚信,亲近自然、纵情书香、涵养气质是教育的崇高使命。

第四节　培养一个活泼泼的孩子

　　教育家认为孩子是富有灵魂的生命,他来到这个世界是为了发展其身体、心智和灵性。当人的灵魂受到灵性教育的滋养,他的心智和才能将随之展开。卢梭的自然教育论实际上就是要通过顺应天性的方式发展"自然"赋予人的一切才能,从而培养人全面发展而不受任何压制的个性,即培养人性。《什么是教育》一书指出:"教育过程首先是一个精神成长的过程,然后才成为科学获知过程的一部分。"我们的教育就是要让每一个生命都自然而灵动地成长。

　　小精灵教育是科学精致、自然灵动的教育。我们提出"亲近自然、纵情书香、涵养气质"的办学思路,旨在让孩子们在教室、社会、大自然中"亲近自然",通过读书、品书、省书来"纵情书香",培养正气、志气、灵气以"涵养气质"。我们努力挖掘和创造各种美好的教育元素温润儿童的心灵,让每一个孩子都成为一个"爱学习、有灵气;懂礼仪、展灵秀;勤动手、呈灵巧;善合作、显灵通"的小精灵。

一、爱学习,有灵气

　　孩子爱学习吗?虽然这是个不同孩子会有不同答案的问题,但总体上说,答案的不同仅在于"爱"的程度上,真正爱学习的孩子只占少数,有相当多的孩子并不爱学习,甚至讨厌学习。那么,孩子到底会不会爱学习?孩子能像爱玩那样爱学习吗?其实,他们并不是真的不爱学习,而是没有养成良好的学习习惯,没有掌握科学的学习方法。激励孩子树立正确的学习目标,培养他们主动积极的学习动机,使他们高效率地参与学习过程,在学习中获得乐趣和感悟;培养孩子养成细致观察、敢于质疑、探究思考的习惯,将"怎样学习,怎样思考?"作为学生发展的基点,那么,孩子就会爱上学习、学会学习。

会观察。观察是一个人认识事物的重要途径,是学习活动的基础,是完成学习任务的必备能力,更是培养学生想象能力和创造性思维能力的基础。观察力是在实践活动中通过训练形成的,在教学中培养观察力是能力培养的重要部分。通过观察,学生才会有敏锐的目光,才能善于发现新知。每个人的观察力虽然受到一定先天因素的制约,但后天的实践培养才是观察力形成的主要途径。特别是在教学中引导学生进行观察,让他们具有乐于观察的兴趣,学会独立自主观察的方法,养成留心身边事物的观察品质,从而养成一种主动获取知识的良好学习习惯。

会思考。"观察后的思考就是对事物的总体印象。"学生认真细致观察过后,在大脑中就会对观察对象形成一定的印象,在这个形成印象的过程中学生会对各种信息进行整合分析和思考。心理学家研究发现,小学生正是处于创造性思维的培养期,为了不失时机地培养学生的创造性思维能力,我们必须主动了解学生的思维规律和思维水平,运用教育心理学规律,有计划地给学生创造思维活动的机会和情境,引导学生自己去思考、去探索新知识,有效地促进知识的牢固掌握及技能的培养,从而不断地发展学生独立思考和善于思考的能力。

会探究。探究是让学生经历发现知识的一种学习。探究能力是指对新事物有较强的好奇心,并能运用已有知识或经验来多方寻求答案、解决问题的能力。自主学习要以探究为核心,让学生在自主学习中探究,在质疑问题中探究,在观察比较中探究,在矛盾冲突中探究,在问题解决中探究,在实践活动中探究,在探究中自主建构知识,掌握学习知识的方法,获得丰富而真实的内心体验,从而逐步培养他们自主探究知识的学习能力,掌握终身学习的技能,促进知、情、意、行的和谐发展,全面提升综合素质。

二、懂礼仪,展灵秀

"少成若天性,习惯成自然。"小学阶段是一个人成长的关键时期,这个时期学生形成的个性、习惯、品格往往会影响其一生的发展。我们必须从孩子的启蒙阶段抓起，从孩子平时的行为习惯抓起，对他们进行文明礼仪教育，使他们从小在认知、人格、情感等方面得到健康发展，从而拥有良好的礼仪素养和高尚的道德情操。

讲文明。"道德和礼仪互为表里，道德是精神及思想意识，也即礼仪实践的内在要求，而礼仪是具体的实践，即道德意识的外在体现。"学校应当把培育学生"明礼"作为道德教育的根本任务，把社会提倡的道德要求转化为具体的可操作的个人行为规范，实现宏观的道德认知与微观的礼仪认知相结合、系统范例与实际生活相结合，让学生按照"礼"的要求做符合道德的事情。但是，文明礼仪不是天生就有，也不是单靠说教灌输就能一蹴而就的。因此，小学生文明礼仪素养的培养，应该遵循小学生身心发展规律，以"知行合一"思想为指导，以实践活动为载体，注重体验和内化，做到"礼仪意识、礼仪观念、礼仪能力"的科学统一。

讲诚信。从小我们就听过《狼来了》的故事，从这个故事中明白人只有从小讲诚信，长大才能在这个社会立足。诚信即待人处事要真诚、讲信誉，说到做到，一诺千金。诚信是每个人立身处世的基本准则。诚信教育要与传统美德教育相结合，充分挖掘和利用传统美德中有关诚信内容的格言、楷模、典故和故事等，通过诵读、故事会、表演等形式，调动学生自主学习的积极性，在喜闻乐见、寓教于乐的活动中，使学生感受、体会诚信是做人的根本。

讲感恩。感恩是一种认识、一种情怀和行为。感恩教育是一种情感活动，要做到以情动情，以情感人，陶冶学生的道德情感。在进行感恩教育的同时，注重突出道德实践环节，让学生在参与活动的过程中，亲身实践，自我体验，在分享的过程中产生情感上的共鸣，升华思想道德的境界，从而使感恩教育的道德要求真正深入学生心灵，走向学生生活，让学生学会感恩，懂得知恩，学会做人，传递感恩的正能量。

三、勤动手，呈灵巧

儿童的认识规律一般是"动作——感知——表象——概念符号——概念系统"，是以具体形象思维为主，逐步向抽象逻辑思维迁移，所以单靠传授知识是不可能发展学生思维能力的。我们要在培养学生动手能力的同时发展思维，在发展思维能力的同时开发智力，切实把操作、思维、智力的发展结合起来。

好动手。手是人重要的感觉器官,在一个人大脑中有20万个神经细胞支配着手部运动,而负责躯干的神经细胞却只有5万个。让孩子多动手是促进智力发展的重要途径,通过手的活动,可以促进大脑各个区域的发育。我们经常说"心灵手巧",其实手巧才能心灵。动手能力作为人的一项基本能力,既不是先天就有的,也不是一学就会的,而是在长期练习中逐渐掌握的。动手能力不是一项独立的能力,在某种程度上它是学生综合能力和综合素质的一种体现。同时,孩子在锻炼动手能力的过程中,他的自信心、责任心、爱心和毅力也会得到进一步的发展。对小学生进行动手能力的培养,使他们养成勤动手的好习惯,对他们今后的成长是很有益处的。

好动脑。孔子曾说:"学而不思则罔。"说的是只学习而不动脑思考,就会迷惑无所得,这就是对"勤动脑"最好的诠释。在发展学生动脑多思活动中,我们必须要求学生边听边想,边读边思,边做边想,引导他们全面、细致地观察思考,从大量的感性材料中自觉地进行综合分析、对照比较、抽象概括,逐步形成独立的观察和思考能力;引导学生把握知识间的内在联系,在复杂的情境中抓住要点,揭示规律,特别是培养学生独立思考问题、分析问题、解决问题的能力;逐步培养学生思维的敏捷性和灵活性,发展学生的多向思维,提高实际应用能力。

好展现。在关注学生的思维过程中,我们要引导学生在学习探究中展现自己的思维过程,做到动手与动脑相结合,引起思维的振动,形成科学的思维方式。展现思维过程就是让学生把探究中的所思所想及所遇的问题通过语言或其他方式表达出来,相互交流,相互补充,相互启发,共同发展,逐步完善。其中语言是展示思维过程的最直接的表达方式,学生通过交流表达自己的想法和体会,在交流中学会正确地与他人分享,向别人解释自己的想法,学会倾听别人的想法,学会相互接纳、鉴赏、分享,经历思维的碰撞,从而获得正确的认识,促进思维能力的提高。

四、善合作,显灵通

"学会共同生活,以便与他人一道参加人的所有活动并在这些活动中进行合作",已被联合国教科文组织确认为是21世纪教育的四大支柱之一。可见学会合作,善于交往是少年儿童进入现代社会的"入场券"。

不同儿童在知识结构、智力水平、思维方式和认知风格等方面存在很大的差异,这种差异是一种宝贵的教育资源。他们可以通过相互之间的交流与合作实现思维、智慧上的碰撞，从而产生新的认识，用集体的力量共同完成学习任务。只有学会合作，学会从他人的智慧中获得启迪，才能最大限度地发挥个人潜能。合作学习是学生内在的需求，它使学生的生活更加充实。通过合作，不仅可以提高学习效率，更重要的是可以让学生获得更多思考和表达的机会，使学生思维相互激励，语言训练不断得到强化。养成合作的良好习惯，不但可以丰富情感，还能增强人际交往，并最终促进学生自我能力的发展。

有主见。爱因斯坦说过："提出一个问题往往比解决一个问题更重要。"因为解决一个问题所用的知识、技能是前人总结和积累的，而提出一个新问题却需要有主见，需要有创造性与想象力。一个敢于提出问题的学生，通常是一个有主见的学生；一个善于提出问题的学生，通常是一个思维活跃的学生；一个乐于提出问题的学生，已迈出了走向成功的第一步。合作学习中要培养学生有主见，进行问题意识的培养，就要尊重他们，欣赏他们，鼓励他们大胆提出问题，引导他们从呈现问题到发现问题，再到创造问题。学生有了问题意识，对事物就有自己独特的看法，会对自己或他人提出的问题进行积极思考。

有协同。合作学习是一种以团体为单位，通过分工协作，互相交流，综合概括，从而获得知识的学习方式。我们要指导学生在学习中掌握合作技巧，明确各自的分工，在分工中合作，在合作中分工。让学生明白合作成员之间要相互尊重，相互理解，要善于倾听组员的发言，在倾听的过程中要有自己的思维和价值取向；当遇到不同见解时，要等对方说完，再补充或提出不同意见；对他人的精彩见解和独立观点，要积极地赞赏，以达到相互支持；遇到困难和分歧时，要心平气和，学会反思，建设性地提出建议。在这个学习过程中，不仅有学生的独立思考和操作，而且有学生之间的信息交流和竞争，更有学生之间的互相帮助，互相学习，取长补短。这样的合作学习才有意义，才能使学生个体得到应有的发展。

有评价。有效地开展合作学习，就要对学生合作学习的发展过程有一个评价的标准。我们要将评价的主动权还给学生，采用自评、互评等形式促进评价效益的最大化。以小组的学习效果作为评价的依据，让每个人意识到自己在集体中的作用，意识到集体的事需要大家的合作，意识到自己做任何事情都要从集体的利益出发，使学生形成合作观念，提高集体的凝聚力，强化成员间的交流合作，促进成员的共同进步。在评价时还应注重学生原有的基础,把评价学生的着力点放在争取不断的进步与提高上,引导学生将自己的现在与过去对比,进行动态的评定,只要比过去有进步,就可以得到肯定。通过成功的自我评价,正确认识自己,明确努力方向,从而不断发展。

文化是一种传承。学校文化都有其发展的历史文脉,是对优良传统的继承和发展,在继承中发展、在积淀中丰富。

文化是一种愿景。学校发展的愿景是学校发展的动力和源泉,引导和激励全体师生笃实向上、合作进取。给每一颗心灵温暖和力量是我们的愿景,让每一位教师不可或缺且无法替代是我们的期待,让每一位学生得到长足发展是我们的归宿。

文化是一种认同。当制定的理念目标、发展规划及规章制度等,得到全体师生的充分理解和广泛认同,并内化为大家的思想观念和价值取向之后,就形成了学校文化。学校文化被认同后,它就会化为一种精神,一种信念,一种力量。

文化是一种践行。文化建设的关键在于落实到具体的行为,一所学校的文化真正形成,主要体现在全体师生具体的实实在在的行动上。学校开展"WE"家行动让每一个马小人从以"自我"为中心,到专业发展的"自醒",再到专业成长的"自信",并内化为自然行为,厉兵秣马、闻香品书,在文化认同中逐渐形成文化自觉。

第 二 章

灵心：让心灵高贵而纯粹

高贵的灵魂，铸就伟大的人生；美好的心灵，让生命更有价值。在培育美好心灵的肥沃土壤里，学校建立了一套完整的育德策略：从宏观到细节，从规范到引导，从知晓到体验，让每一个孩子的情操得到陶冶，让每一个孩子的灵魂变得高贵而纯粹。

学校教育的目标是培养健康、善良的生命,活泼、智慧的头脑,丰富、高贵的灵魂。我们进行道德教育,应从根本入手,使学生意识到人的灵魂的高贵,在行为中体现出这种高贵。什么是灵魂的高贵呢? 就是有做人的尊严,有做人的原则,在任何情况下都不做亵渎人性的事。一个人为了满足物欲而百无禁忌,不择手段,只能说明他身上的人性已经泯灭。

第一节　从宏观到细节:润物无声

早在北宋时期,司马光曾给出最为精辟的论断:才者,德之资也;德者,才之帅也!自古以来,国之乱臣,家之败子,才有余而德不足也!

我校德育工作以"崇德尚艺,特色育人"为主旨,以"课程、课堂、活动"为载体开展体验德育,力求寻找一种彰显学校特色、适合学生发展的德育之路。崇德即尊崇美德;尚艺即提高素养。前者重在品,后者重在能。作为一所地处嘉定新城的学校,基于学校校情,结合学生学情,学校通过构建"弈海扬帆"研究共同体来全面提升学校德育队伍专业化发展水平,该共同体以"弈海扬帆"为名,下设"骏马轩"(德育研究组)、"和风苑"(党群研究组)、"潜心园"(教学研究组)三个学习团队。

"骏马轩"德育研究组以"弘葡萄清新之品,扬骏马奔腾之质"为主题,开展德育系列活动,以期汇智马小,勤耕善研,迎来"骏马轩"硕果累累,就像马陆葡萄在阳光雨露的滋润下泛出"紫韵"、透着"青盈"、蓄着"绿逸",香味悠悠飘满教育的"蓝天"。

一、课程育人基于"材"

在课程中挖掘育人内涵的前提在于要有育人的载体——教材。我校地处嘉定马陆,马陆葡萄享誉海内外,由此,我校充分挖掘葡萄的育人元素,确立了"笃实、向上、合作、进取"的价值取向。

(一)显性课程特色化

学校为了挖掘乡土文化,先后编撰了多册校本教材,如彰显马陆地方特色的《葡萄的自述》,教材从葡萄的生长、葡萄的种类、葡萄的功能等方面出发,把孩子带进了葡萄的世界,了解了马陆当地的特色。这本教材在 2013 年被收入"上海乡土文化特色课程"。在此教材的基础上,学校科研部又开发出相关课程《葡萄的实践之旅》,该书分为三个篇章——葡萄之《生长之旅》、《健康之旅》、《培育之旅》,让学生在"种植葡萄"、"采摘葡萄"、"酿造葡萄酒"的体验过程中再一次走进葡萄的世界,提升学生的爱乡之情。

(二)隐性课程系列化

自嘉定区教育局提出"品质教育"以来,我校以"棋品人生"为主课题,把弈棋世界的文化与品质内涵贯穿在学校教育教学的各个方面,在德育工作和学校棋类特色工作紧密结合的基础上,学校德育工作领导小组成员通过研究,拟定由"弈新"棋文化沙龙小组开发校本课程,课程以各年级行规训练重点为篇章,收集一些大师下棋的故事、与棋有关的成语及儿歌等,强化学生的行规教育。

根据学生的实际情况,我们制定了分年级的行规训练重点,形成具体的分年级活动系列,每个年级的行为规范训练都有侧重点:一年级以棋冶情有礼仪,强化低年级学生的礼仪教育;二年级以棋会友重团结,加强学生团结协作的精神;三年级落子无悔讲诚信,重视的是学生的诚信教育;四年级以棋益智思进取,弘扬积极进取的精神;五年级举棋若定显自信,要求高年级的学生要切实以自身良好的风范去引领低年级的学生。根据各个年级不同的行规训练重点,制定了有针对性的特色争章活动,通过设立棋棋礼仪章、棋棋友爱章、棋棋诚信章、棋棋进取章、棋棋自信章等自主争章活动激励学生进一步规范自身的言行,更好地参与到各项活动中。

二、学科育人释于"堂"

德育能否落在实处,关键在于我们要把教育理念化为日常课堂教学的实践。为了在学科中有效落实德育工作,学校要求教师充分挖掘教材资源,加强学生的理想信念教育。

(一) 理念引领有主题

学校重视对学科教师的培训,通过专题讲座与专家引领的方式让教师从思想上重视学科德育的教学工作,通过培训提升教师素养,有效把握学科教材所蕴藏的价值情感,提高专任教师的育德意识和能力。2013 年,学校申报了《小学音乐学科中落实"两纲"教育的实践研究》的课题,以音乐学科为引领,加强实践研究,有效推进学科德育的实效性。

(二) 阵地建设有方向

德育的主阵地是课堂,我们要求德育工作者立足主阵地,在加强学习培训的基础上,充分挖掘任教学科中蕴涵的德育内容,在课堂教学中注重学科知识传授的同时,做到"三个关注",由关注教师的教到关注以学定教、由关注教材到关注课程统整、由关注单一知识技能到关注素养和能力的提高等方面的综合协调,有效彰显了学科育人的魅力。以"音乐学科"为例,学校在组织教师用好《中国唱诗班》的区本教材的同时,着手编写了《古诗乐进课堂》的校本课程,鼓励教师在课堂教学中采取多种方法,指导学生学会吟唱古诗,感受音乐与古诗词的美。

(三) 学科育人有平台

在实践的基础上,学校积极搭建展示平台,通过展示活动用音乐传播我国的传统文化,让学生提升艺术品味,陶冶情操,传承民族文化精粹。2013 年 12 月,我校承办了上海市教育委员会教学室与嘉定区教师进修学院联合主办的上海市中小学音乐学科"两纲"课例展示研讨会。2015 年,延续"两纲"课例研讨,学校于 10 月 9 日组织全体班主任老师参加了"小学音乐学科中落实'两纲'教育的实践"研讨活动。在研讨过程中,我们形成"弘扬民族文化,应该从娃娃抓起"的共识。古诗词是我国灿烂的文化瑰宝,音乐是蕴涵情感最丰富的艺术。为此,我校将不断探索、持续实践,力求在音乐学科的课堂中用音乐传播祖国的传统文化,在学科中落实"两纲"教育,切实加强学生的理想信念教育。

三、体验育人重在"行"

如果说课程育人是载体,学科育人是平台,那么体验育人就是教育的落脚点。依托校本教材,在严谨的课堂教学辅助下,我们成功地体验到了以载体育人,重视平台育人的喜悦。

(一) 在氛围中体验

前些年,学校积极挖掘"棋文化"建设内涵,营造浓郁的"棋文化"校园氛围。站立学校大门口,"弈海探航扬风帆,棋韵浓浓育新人"的标语映入眼帘;进入校园,西侧教学大楼外墙上的一盘围棋棋局气势恢宏,引人注目;走进行政楼的底楼大厅,一块由中国象棋大师胡荣华为本校亲笔书写的"棋品、学品、人品"六字的花梨木牌匾立于大厅中央,更有西墙上一盘中国象棋棋局似乎静待着人们去探索其中的奥秘。走到教学楼的楼道上,由棋史、名家、棋艺、棋法等构成的"棋文化长廊",令人驻足;跨进各班教室,由学生广泛搜集材料后精心布置的"棋文化"专栏,使"温馨教室"分外增色。富有魅力的校园氛围,让师生感受到了浓浓的棋韵。

为了更好地创设育人环境,我们对校园进行了整体的规划与设计,结合学校特色,努力发挥环境育人的功能。走进校园,教学楼门廊边的"葡萄雅苑"映入眼帘;教学楼后面有一条长长的葡萄架长廊,架外是各种葡萄宣传资料,廊内下方是幽幽小径,上方是郁郁葱葱的葡萄藤;教学楼四楼的"葡萄体验馆"更是时不时飘来阵阵浓郁的葡萄酒香气。

(二) 在活动中提升

为进一步突出中华传统节日蕴涵的思想教育内涵,增强中华民族优秀文化传统和革命传统教育,不断深化"我的中国梦"教育实践活动,积极引导未成年人培育和践行社会主义核心价值观,丰富拓展"做一个有道德的人"主题活动内容,根据学校"弈品"德育的工作特色,扎扎实实地开展学校棋文化节系列活动:"棋棋小能手"三棋比赛,增强了棋类运动在我校的普及与提高,也培养了学生的竞争意识和集体主义精神;"我们的棋世界"歌唱比赛,孩子们用歌声诠释对棋文化的喜爱,用歌声传递着浓浓棋韵;棋类亲子活动,让家长和孩子一起在弈海中徜徉;"弈趣园"班级文化建设活动,彰显了孩子们的梦想,班级的特色;"弈趣园"电子小报评比活动,让师生进一步感受浓郁的棋文化氛围;"棋具赏析"活动,孩子们赏析了造型繁多、类别各异、各种年代的中国象棋棋具,了解了更多棋文化。

在"弈海扬帆"共同体的带动之下,"骏马轩"工作室成员静心反思后续的德育之路,如何让新上海人了解上海,让老上海人更爱上海,增强师生的民族自豪感与提升学生热爱家乡的情怀,我们用民族文化——"沪剧"为载体,邀请了上海沪剧院吕贤丽和李建华两位老师来学校指导学生走进"沪剧",以此作为学校实施民族精神教育的有效切入口。我们从一年级的娃娃抓起,开展上海话特色培训,让孩子们充分感受"海派"韵味。在这个基础上,对二、三年级的学生中开展沪剧训练,让孩子们和沪剧亲密接触,深入领略高雅艺术。并在高年级中挑选精英组成表演团,他们承担着将这份艺术传承与发扬的任务。就这样,我们利用"阿拉沪语体验营——律动沪苑训练社——骏马沪剧表演团"三个梯队,让更多的学生学习沪语,爱上沪剧,爱上上海,让学生在更真实的体验中,传承弘扬传统民族文化。

在各项主题活动中,我们一直秉承认真踏实作风,用创新活动形式和载体,引导学生认识和了解中华民族传统文化,继承和弘扬中华传统美德,有效地夯实德育常规工作,提高育德效果。

（三）在激励中成长

为了激励更多的孩子参与活动,为了调动更多班级参与活动的积极性,我们从个人与集体两个层面对学生与班级进行了活动评价。

1. 骏马驰骋,同伴互助。根据学校主要工作与特色工作,我们拟定了"弈韵之星评选方案"。根据方案,各班围绕每月主题,在班内评选当月的弈韵之星,完成"弈韵之星申报表",评选出的弈韵之星在一个月中光荣地穿着红马夹,用自己的实际行动在班中起到良好的先锋模范作用。

自 2008 年开始,我校分为东西两个校区,西校区有一二年级,东校区是三至五年级。每学年第一学期,二年级的孩子升入东校区,为了使他们更好地适应东校区的学习生活,开学典礼上,我们进行了"友谊班"的授牌,请四年级的同学帮助他们。于是经常会出现哥哥陪着弟弟,姐姐陪着妹妹在校园里下棋、猜谜、讲故事的场景。

2. 骏马奋蹄,爱心涌动。为了使孩子们能从小学会关爱别人,自"开学第一课"后,校园里洋溢着浓浓的爱心潮,通过仪式教育、阵地教育、宣传广播等教育形式,教育孩子明了孝敬之爱,知晓尊敬之爱,践行互帮之爱。

3. 骏马奔腾,弘扬正气。"骏马轩"的德育工作者们以"弈海扬帆"研究共同体为契机,以社会主义核心价值观为抓手,加强学校校风建设,规范学生的行为,拟定了"小骏马金奖、银奖、铜奖评选方案",根据各班班风班貌和参与主题活动的情况以及学生个人的行为规范表现,给予不同等级的奖励。以此提高学生自我管理、自我教育的能力,增强学生的班级荣誉感与责任感,促进学生个性发展、全面发展与可持续发展,同时也使整个校园呈现积极向上的校风校貌。

学校在"崇德尚艺,特色教育"理念的引领之下,让学生亲近自然,纵情书香,滋养气质。在"骏马轩"的"弘葡萄清新之品,扬骏马奔腾之质"的德育思想指导之下,在课程、课堂、活动中实现学校笃实之风,把社会主义核心价值观内化为学生的行为,让学生在实践体验中认知,在感悟体验中明理,在反思体验中成长。

第二节　从规范到引导:细微落实

孟子曰:"不以规矩,不能成方圆"。在传承与发展中,学校提出了"精灵教育"。把每一个到马陆小学来求学的孩子看成是具有生命的精灵,提出了每一个精灵在马小的校园里要学会礼仪,学会团结,学会进取,更要学会自信,并预设了孩子们在马小10个学期的学习旅程,希望精灵在校园里学会作为一个具有生命的"人"来说,寻求到幸福的十个好习惯。精灵教育与嘉定区的"幸福课程"擦出了教育的火花,这火花正是我们德育思维的命脉。

学校提出"小精灵教育",用儿童的语言"每个孩子都是一个精灵"道出了办学愿景,从启迪学生智慧、塑造健康心灵入手,确立了以"科学精致、自然灵动、品质为上"为办学价值取向,旨在让每个学生成为爱学习、懂礼仪、勤动手、善合作的小精灵。

德育的任务是把全体学生培养成爱国的,具有社会公德、文明行为习惯的和遵纪守法的公民。没有正确的政治观点,就等于没有灵魂。中小学德育应教育学生树立坚定正确的政治方向,坚持社会主义道路,坚持党的领导,热爱祖国,热爱人民,立志为社会主义现代化建设事业努力奋斗。

中小学德育应教育学生正确地认识与处理个人、集体和国家的关系,正确认识人生价值,树立全心全意为人民服务的思想和科学的人生观。还要培养学生勇于实践、实事求是的作风,养成尊重科学的态度,提高辨别是非的能力,形成辩证唯物主义和历史唯物主义的世界观。

青少年时期是道德品质形成的关键时期。道德品质是一定社会的道德原则和规范在个人的思想、行为中的体现。中小学德育要提高学生的道德认识水平,陶冶道德信念,锻炼道德意志,培养道德行为习惯,在人的成长中起着重要作用。

在"小精灵教育"的办学理念引领下,学校行为规范教育的整体发展规划逐步落实、各项规章制度日趋科学和完善,学校努力建立健全德育制度,匹配精细的学校管理章程;以多彩的德育课程承载丰富的校园文化内涵;在"笃实、向上、合作、进取"的学校精神引领下,坚持实现"用美好温润儿童的心灵,让经验伴随儿童的成长"的办学承诺,努力做到让孩子成长得更快乐、更自然。

一、明确认识,思考行规教育的重要性

我校的教育教学工作始终把行为规范教育作为其他教育教学工作的敲门石、神奇棒,把加强学生行为规范教育放在首要位置,一直积极探索适合我校学生发展的教育之路。

(一) 立足一个重点,深化素养教育

自《中共中央国务院关于进一步加强和改进未成年人思想道德建设的若干意见》、《上海市学生民族精神教育指导纲要》、《上海市中小学生生命教育指导纲要(试行)》和《中小学文明礼仪教育指导纲要》颁布以来,我校组织教师认真学习,努力贯彻实施,明确了"小精灵教育"的办学理念以及"灵心德育"的基本工作方法,并有效落实在学生的行为规范教育中,构建学校、家庭、社区联动的行为规范教育管理格局,促使学生良好行为习惯的养成,促进学生全面发展、健康成长。

（二）处理两大关系，培养学生习惯

1. 德育与行规教育的关系。行规教育是学校德育工作的专项教育。处理好学校德育和行规教育的关系，才能更好地开展行规教育，使德育锦上添花。实践中，我们发现行规教育是学校德育工作的重要组成部分，是培养小学生文明行为、习惯素养的教育。良好的行为习惯教育有利于克服我国长期以来在小学生德育中重宣讲轻实践和文明行为习惯养成教育形式化的弊端。只有增强行为规范教育工作的针对性和实效性，才能不断深化素质教育，落实核心素养。

2. 全面发展与个性发展的关系。行规教育是培养习惯与素养的过程，是促进学生健康快乐成长的主体性教育，使学生在接受教育的过程中实现身心合一、知行统一、文理统一。只有处理好学生全面发展和个性发展的关系，才能让行规教育落在实处。在实践中，我们发现对学生的行为规范教育应做到了解学生全面发展的需要，使全面与个性共同发展。在养成教育中寻找学生个性特点，最终实现学生的个性发展与全面发展。

（三）遵守三种规范，促进习惯养成

学校行规教育的践行力直接影响学校行为规范教育的实效性。因此，为了夯实行规教育工作，在思考行规教育的践行力时，我校始终把行为规范教育作为学校德育工作的重要内容，行规教育贯穿于学校各方面，以此助力孩子的全面成长。

1. 教之规范，圆梦教育。我们所认为的行规不仅面向孩子，同时也要面向教师。校园中的行规教育是促进师生共同成长的教育，我们应该在校园学习生活中有效处理好师德规范和学生规范之间的关系。我们发现，从行为习惯的培养入手来探讨和研究良好行为习惯与健康人格的培育符合少年儿童身心发展的特点，适应新的时代环境和形势，让学生在校园学习成长过程中养成一系列良好的行为习惯。要培养孩子良好的行为习惯和坚强的人格，就需要有一支高素质的教师队伍。我们应该以此为突破口，努力培养一支教育思想端正、文明素养良好、业务素质精良的教师队伍，从而真正实现师生好习惯对接。

围绕"小精灵教育"办学理念，发挥师生的教育灵气，让教师充满教育智慧，培育教师的教学灵气和学生的学习灵气，提升师生的创造力，显示教师机智灵活的教育教学能力和学生的学习灵气与悟性。学校首届德育节，在"互联网＋精灵幸福SHOW（展示)"班主任风采展示中,年轻的陆老师结合首届德育节召开的背景与班级实际,亮相了一堂"传统与现代"相融合的班会课,短短的35分钟,从暑期穿越到开学,从开学到阅兵式,把孩子素养习惯与人生追求紧密相融,德育节闭幕后,陆老师深有感触地说,小精灵教育既帮助了学生,也成就了老师!寥寥数语,道出了老师们的心声。

2. 生之规范,圆梦学业。众所周知,学校的行规教育就是为了培养学生良好的习惯,完善品德素养。小学阶段是孩子正式踏入学校,接受知识、提高能力、形成价值观的开始阶段。这个时候的孩子充满好奇,善于模仿。学校的行规教育应该从对个人品德、仪表、生活方式等最基本的文明行为扩展到个人与他人的关系;从人际交往中的文明行为扩展到在学校集体生活和学习方面的文明行为;在家庭生活中的基本行为扩展到社会生活和公共场所的基本行为。因此,小学阶段行为习惯的教育尤其重要,很多名人谈起自己的成功经历,都认为小学阶段的各种行为规范教育让他们受益终生。这些认知使得我们更加关注学生行规教育,力求让孩子在小学阶段掌握十好习惯,让行规教育成为孩子成长路上的引航灯,风向标。

"有梦想,就有无限可能"。通过"小精灵圆梦"活动,让孩子明白梦想的重要性——一个有梦想、能坚持的人,必定能为自己创造不一样的未来。孩子们也纷纷交流了自己的梦想,并暗暗下定决心:为梦想而努力,让自己成为无限可能,创造属于自己的奇迹!每学期,德育工作部都会召集相关年级行为偏差学生,组建"小精灵圆梦社",在圆梦社里,大家就自己的学习习惯,学习态度开展批评与自我批评,并对自己今后的学习定下能实现的目标。德育工作部也适时到班中了解圆梦社成员的现状。在总结表彰会上,颁发习惯进步奖、态度端正奖、全面进步奖。孩子们通过圆梦活动,逐渐缩短了与班中其他孩子在行为习惯上的差距,完成了自己的小梦想。

3. 家之规范,圆梦家庭。我们常说,一个孩子的成长离不开学校教育,同时也离不开家庭教育。很多年轻的父母,由于缺乏为人父母的经验,没意识到家庭教育的重要性,忽视了自己的言行对孩子行为习惯的影响。他们在孩子的成长过程中,遇到问题不知如何解决。指导家长的行为规范也是学校行规教育应该思考的问题,我们在平时的家庭教育指导过程中,加强对家长习惯与素养的指导,让家长明白示范榜样远比简单说教来得重要。

家庭教育对行规教育而言也很重要。从某种意义上,家庭教育的优劣直接影响着学校行规教育的效果。我们都知道,家长的行为习惯对学生行为习惯的养成起着关键性作用。我们的精灵教育在圆梦教育的同时,也不忘另一个行规教育的实施者——家长。学校开设"家长学校",通过家长沙龙、家长微课堂、亲子诵读等,聘请沪上知名专家、学校优秀班主任、家委会委员等对家长、学生开展双向行规教育讲座和实践活动。"家长课程进校园"活动是马陆小学家长学校的常规工作。每学期,校园里都有家长朋友的身影,他们有的活跃在班级,有的活跃在年级组,为孩子们带来别样的课程,丰富了孩子们的知识,促进了学校小精灵教育的有序推进。家庭教育成功案例分享是我校家长学校常规活动,家长在案例分享与习得的过程中,不断提升自己的家庭教育意识。部分有特长、爱教育的家长也在精灵教育办学理念的引领下成了学校课程实施者,为孩子们送上职业体验课程,丰富了孩子的知识,拓宽了孩子的知识领域。在筹备、展现的过程中,家长的主人翁意识增强,圆了自己的教育梦。

在长期教育过程中,我们发现学生逐步扩展的生活是建构行规教育的基础,学校的行规教育应该以促进学生全面发展为出发点和落脚点,反映时代和社会进步的要求,体现对学生的尊重与信任,规范学生基本言行,培养良好习惯,努力把行为规范的教育上升到情感态度价值观的教育高度上。

二、有效落实,彰显行规教育的实效性

为了培养学生良好的行为习惯,我校完善了行规教育工作的管理网络组织,成立了骏马轩德育工作坊、班主任中心组、小荷才露尖尖角班主任工作室等。

(一) 管理保障,护航行规

学校确立了行为规范教育的目标,定岗定责,将行为规范教育管理与教学管理有机整合,健全了各项制度,构建了学校、家庭、社区联动的行为规范协作机制,校园环境安全整洁,富有内涵,发挥育人之效,校园内,师生融洽,积极向上,尽显精灵风采。

1. 组织管理。学校党政主要领导,特别是校长切实履行对行规教育的工作责任,有落实工作的理念和具体思路,将其纳入学校"十三五"发展规划中,成为学校各部门共同推进和共同实践的重要内容,保证各项制度和措施的落实。在校长的统一领导下,我校成立了行为规范领导小组,负责统筹开展学校行为规范教育的调研、决策和管理。德育与课程教学以及后勤保障并驾齐驱,共同执行领导小组的任务。德育工作部

协调年级组、学校家委会和小精灵巡查员,一起加强对学生进行行为规范教育,使得学校的行为规范教育处处对接,老师、家长与学生在行为规范教育过程中相互激励、相互促进。

学校选拔优秀教师担任班主任,并推荐优秀班主任加入嘉定区优秀班主任人才库。每学年初,配合教育局做好新班主任的岗前培训,选派优秀班主任参加市、区级培训。同时,利用班主任例会,加强全体班主任的业务培训,让班主任能明确职责。从2014年起,学校开展"副班主任聘任制",由班主任招募挑选合适的老师担任自己班级的副班主任,对学生进行行为规范教育,共同管理班级。

为了把行规教育落到实处,德育工作部每学期开学初,宣布本学期每周行为规范教育的重点内容,并在每周的升旗仪式上由两位小主持告诉同学们本周行规训练重点。在检查各班学生行为规范的过程中,我们充分发挥少代会、班队会、"小精灵巡查队"和"中队行规值勤中队"的作用,每日由小精灵巡查员完成"行规晴雨表"的反馈。根据学生各方面表现,我们每月进行"精灵之星"的评选,同时还每月对各班的行规进行"小骏马金银铜奖"的评比颁奖。

学校组建了校级、年级、班级三级家委会,开设了"马小家委会"微信公众号,及时发布学校动态,分享家庭教育的成果案例,宣传家委会课程进校园活动等。校级家委会领导小组根据樱花与育英校区学生年龄特点,安排家长义工进校园,参与学校教育教学活动。同时学校还与社区签订"牵手协议",各社区资源站的负责人成了我们的校外辅导员。在升旗仪式、校会课上聘请地段民警、消防战士担任安全辅导员来校作讲座,关心支持学生行为规范教育及法制安全教育。

2. 制度建设。在一系列制度的保障下,我校行为规范教育的良好格局已悄然形成。在此基础上,我校把行为规范教育纳入培养目标,使行为规范教育成为德育教育的主要内容和特色工作。

根据《中共中央关于进一步加强和改进学校德育工作的若干意见》等文件精神及《上海市中小学行为规范》,学校在广泛调查的基础上,确立了行为规范教育在学校教育所占的比重,并要求各班在认真学习《学校计划》、《德育工作计划》等部门计划之后,根据班级实际制定班级公约,进一步加强学校行为规范教育的建设。我校还通过各种形式广泛宣传,让每个孩子的心中有一个明确的行动指南,并真正内化为学生的自觉行动。

学校行规教育的践行力直接影响学校行为规范教育的实效性。因此,为了夯实行规教育工作,在思考行规教育的践行力时,我校始终把行为规范教育作为学校工作、学校德育教育工作的重要内容,行规教育贯穿于学校的各项工作,我们拟定了行规教育和评价体系的相关制度,让老师有制可教,让学生有度可守,让有效的行为规范教育助力孩子的全面成长。

3. 环境氛围。马陆小学秉持校园文化自然润泽的法则,笃实向上,犹如一匹驰骋的骏马扬鞭奋蹄,疾风而驰。为了让学校成为孩子的幸福家园,我校一直以"班级文化布置、快乐中队创建"为主题,积极开展各项活动,努力营造整洁、美观的班级环境,构建积极向上、充满活力的快乐中队,让校园处处洋溢着温馨和谐的气息。只有教师有了创建的意识,才能真正做好这项工作。我校在开展班级文化建设创建工作的同时,加强了对教师的培训,让教师明确了班级文化建设的目的、意义,并组织教师开展班级文化建设大讨论,有效夯实了班级创建工作。

学校坚持用优雅整洁的校园环境,增强对学生身心发展的熏陶,坚持用优秀的文化底蕴,增强对学生道德品质、品德情感的感染,让每一份资源发挥"润物细无声"的教育作用。

如何使教室充满温馨,变得温暖,使学生爱上自己的班级,愿意在这样的环境中快乐地学习是我校一直积极探索与研究的课题。为此,我校积极开展美化教室环境活动。学校老师和同学都积极参与到活动中来,使教室面貌焕然一新。学习园地、争章栏中学生运用图片、绘画作品、书法作品等布置美观漂亮;生物角上有老师和学生自发带来的植物,绿色的盆景洋溢着勃勃的生机;图书角上有学生自发带来的书籍,丰富了学生的课余生活。布置教室的过程增进了学生之间的友谊、师生之间的情感,同时,整洁、美观的环境又振奋了学生的精神,激励学生投入到学习生活中,让每一个走近它的人感到亲切、温暖。

教室环境的整洁美观是我校创建班级文化的第一步,为了使学生和老师感到自己是集体的主人,以更积极的姿态参与学校生活,我校以系列活动为抓手,努力构建积极向上、充满活力的快乐中队,在班级文化建设的过程中,学生的修养与品行再一次得到了升华。

校园中的行规教育是促进师生共同成长的教育,校园学习生活中必须有效处理好师德规范和学生规范之间的关系。从行为习惯的培养入手,探讨和研究良好行为习惯与健康人格的培育,符合少年儿童身心发展的特点,适应新时代的环境和形势,有利于学生在校园学习成长过程中养成良好的行为习惯。要培养孩子良好的行为习惯和坚强的人格,就需要有一支高素质的教师队伍。于是,学校根据教师的工作实绩和师德规范,每月评选出两位教师为"月度人物"。到年终,在月度人物中投票选出"年度人物"。每年的德育节我们会根据班主任的教育能力与奉献精神评选出"尚德之星"。年终总结会上,学校各部门评选年度"十大骏马奖",以此提升教师的道德修养,营造良好的育人氛围。

(二) 教育实施,养成行规

我校认真组织教师学习、努力贯彻《中共中央国务院关于进一步加强和改进未成年人思想道德建设的若干意见》、《上海市学生民族精神教育指导纲要》、《上海市中小学生生命教育指导纲要(试行)》和《中小学文明礼仪教育指导纲要》、《中小学生守则(2015年修订)》等德育文件,明确了"小精灵教育"的办学理念以及"灵心德育"的基本德育工作方法,提出了崇德尚礼、善思会行的行规准则,并有效渗透在学科教学中,落实在学生的行为规范教育中。关注对学生家长的行规教育与引导,注重行为偏差生的教育,促使学生良好行为习惯的养成,促进学生全面发展、健康成长。

1. 目标内容。一直以来,学校非常重视小学生日常行为规范的教育训练,注重良好行为规范的养成教育,将师生行为规范教育作为整个学校的教育重点。学校设立校园警示牌、食堂用餐线路标记、出操线路线等标识,以标识来明确要求,完善监督机制,努力营造美观、规范、具有引导性、教育化的环境氛围,促进学生行规的养成。学校德育教育工作曾多次被《新民晚报》等媒体报道。

行规教育充分体现分年级、分层次的原则和要求,有重点,有举措。以《十好习惯》品牌项目的打造为抓手,通过环境浸润、快乐自主、家校协同三方面的建设,初步形成学校特色品牌,起到了一定的示范辐射作用。如表2-1所示:

表 2-1 "十好习惯"一览表

内　　容	一年级	二年级	三年级	四年级	五年级
心有祖国	知道国名 认识国旗	会唱国歌 肃立行礼	了解国旗 行礼规范	铭记传统 知行合一	知道国史 热爱祖国
尊师敬友	面见师长 主动问好	礼貌用语 文明友爱	尊师重道 团结互助	体会师爱 坦诚相待	善于交往 诚恳交友

内　　容	一 年 级	二 年 级	三 年 级	四 年 级	五 年 级
仪表整洁	勤剪指甲 带好手帕	衣着整洁 经常洗澡	面容整洁 佩戴标志	发型清爽 整洁大方	精神焕发 大方得体
举止文明	不吵不闹 学会问好	文明游戏 主动问好	礼貌用语 行动有序	文明用语 礼让他人	待人真诚 举止大方
善于思考	专心听讲 及时回应	作业认真 独立完成	善于表达 合作学习	勇于提问 积极思考	主动学习 学会探究
学有目标	做好准备 认真学习	学会预习 巩固学法	及时复习 分类整理	管理时间 合理安排	心有目标 勇于攻关
与人为善	不打不闹 以礼待人	互帮互助 以行助人	先人后己 以情动人	乐善好施 以善感人	行善积德 以德服人
诚实守信	不说谎话 知错就改	拾金不昧 言行一致	遵章守纪 言而有信	纯朴正直 讲信修睦	以诚取信 以信取胜
行为自律	早睡早起 按时到校	不吵不闹 不推不搡	列队迅速 整齐有序	遵守班规 令行禁止	行为自觉 自我约束
环保卫生	洗好小手 带好手帕	地面整洁 黑板干净	垃圾分类 变废为宝	爱绿护绿 保护公物	宣传环保 节水省电

2. 巧用载体。在行规教育中,我们努力创设能激发学生进行自我教育的氛围,根据不同年龄段孩子的特征,提出相应的行为规范的要求,并开展各类主题鲜明的活动,让学生在活动过程中自我认识、自我评价、自我调控、自我提高。学校行规教育由德育工作部和少先队大队部双重机构组织实施,德育工作部侧重制定行规教育目标、规划,学生活动部负责通过各项活动实施,学校行规教育的重要项目《十好习惯》就是由两部门共同协商制定实施的。

3. 课程融合。课程融合有助于学生行规习惯的养成。《小精灵之旅》课程已成为一本适合家庭阅读、学校教学、孩子自学的素质教育读本。从强化必修课的主导性出发,突出素质教育校本课程的特色性,让学生从小成为学识广博、思维活跃、善良灵气的社会人。

我校是嘉定区幸福课程首批实验校之一,学校在德研室领导下,编撰了区本二年级段《幸福课程》。结合区幸福课程,我校区骨干班主任连续在学校与外校展示"幸福课",德育工作部组织班主任中心组成员与小荷才露尖尖角工作室老师,编撰学校的校本课程《小精灵幸福宝典》。根据各年级段孩子的年龄特征和行规训练重点,结合校情,编写适合我校学生的养成课程。目前该教材已在各年级段实施,2016学年第一学期,吴慧华老师在班主任培训活动中展示分享了实施校本课程的课堂实录与心得体会,得到老师们的一致好评。

4. 家长学校。家庭对子女习惯的养成有重要的影响。为了探索家庭教育新规律,增强家庭教育的效果,学校注重家长学校工作,定期定内容开展活动,让学校和家庭携手共抓学生行为规范教育。

学校每学期都会开展"家长开放日"活动。开展这个活动的目的是为了让更多的家长走进校园,共同探讨孩子的教育问题。在教育孩子的问题上和学校达成比较一致的认识以及相互统一的教育方向,配合学校共同教育好学生。家长走进学校、走进课堂。近距离的接触,不仅让家长体验了孩子一天的学习生活,了解了学校的办学思路,更让他们进一步明确了自己的责任和义务,配合学校共同抓好孩子的教育问题。

学校定期开设家长微型课程讲堂。家长群体中有各行各业的精英,家长委员会充分挖掘这一宝贵的教育资源,开展"家长进课堂"活动,组织校级、年级与班级的三级家委会成员,以自荐或举荐的方式,挖掘家长中的能人,共架构了36个家长微课主题,其中12位家长被学校课程教学部选中,直接参与学校的校本课程开发,其余家长纷纷在周三走进校园,开启家委会家长课程,通过课程让孩子们了解行规的意义所在。

学校组织学生进行家长职业体验活动。家长的职业是孩子认识社会的窗口,包含丰富的教育内容,并能为学校教育提供多种支持和服务。职业微体验具有"微而精、小而奇、内容少、蕴意深"的独特魅力,这些职业蕴涵着丰富的教育内容。家长为学生提供了许许多多的体验机会,到大众工业学校体验职业的艰辛,到电视台感受录制节目的繁琐,跟随都市网的记者采访体验……一系列活动扩大了学生的视野,丰富了学生的社会经验,激发了学生对周围生活、事物的兴趣和关注,了解了规则的重要性。

学校利用家委会微信公众号的平台进行宣传。我们在各个年级段征集家教征文,并评选出优秀的文章,出版《家教点滴》。同时我们通过"马小家委会"微信公众号等形式广泛宣传,向广大家长推广家庭教育的成功经验,指导家长科学育人。家校携手,共同促进孩子良好行为规范的养成。

学校定期开展各种形式的家长会。这几年,我校以各种不同的形式召开各年级段的家长会,让有经验的专家教师和大家共同探讨子女的教育问题,让家长们在互动中分享自己的成功教育经验……在一次次活动中,家长们提高了对子女教育问题的意识,懂得了用自己的言行去影响子女的价值意义。

5. 关注特殊。学校重视学生的全面发展,希望每一个孩子都能健康成长,针对行为偏差的学生,我们会进行个别化教育,通过谈心、引导,通过榜样示范等教育手段,让孩子端正态度,树立正确的人生观与价值观。另外,德育工作部成立"精灵圆梦社",把各年级行为习惯有偏差的学生招纳进社,通过开展各种活动,让孩子发现自己的问题,约束自己的行为,寻求改进的方法。

6. 教师垂范。教师作为一名教育教学工作者,身上肩负着重任,被人们誉为人类灵魂的工程师。我校教师能自觉遵守师德规范,为人师表,并能自觉提升师德修养,为学生树立良好的榜样。为了培养身心健康、人格健全的合格接班人,学校要求教师对一些行为有偏差、学习有困难、心理有困惑的学生在情感上进行交流,为孩子驱走心灵的阴霾,在师生之间架起一座心灵的桥梁。

我校通过外请专家和内请有经验的老师等多方面的途径,加强对教师的教育力度,让教师具备良好的师德修养,热爱教育事业,热爱学生,切实以自己良好的师德风范去引导、激励、促进学生养成良好的行为习惯。我们积极开发各类校本培训课程,注重对教师的培训。

班主任是学校开展德育工作的中坚力量。因此学校非常重视班主任队伍的建设。每年,在老师们自荐的基础上,学校综合考虑,选派具有较强责任心的优秀教师担任班主任工作。要求班主任明确工作要求,签定《马陆小学班主任岗位职责承诺书》。每月召开班主任工作例会,及时总结当月工作,发现班主任工作中的亮点及特色。开设班主任工作论坛,给一些有着优秀管理经验的班主任提供交流的平台,让更多的班主任掌握科学合理的管理方法,促使更多的班级养成良好的班风、学风。在实践中不断完善班主任考核制度,制定《小精灵金银铜奖评比制度》,加强督促检查,促使班主任重视学生良好行为习惯的培养。

7. 学生自主。学校重视学生的自主管理。以"规范 + 自主"为目标,通过定期的培训、评比、表彰宣传,抓好一支能干的小干部队伍,组建了执勤中队和小精灵巡查员两支常规队伍。如每周的红领巾值日,学校制定了具体详细的《红领巾值日岗岗位职责》,对于检查的情况于当天进行反馈,让每位班主任、每位学生及时了解各自班级存在的不足,以便于及时整改。每周二的"星星有约"栏目是德育管理的一大亮点,德育工作部利用晨会广播的形式,对各班学生一周的行规情况进行宣传广播,树立典型,以点带面地进行行为规范教育。每周五的《阳光列车》广播,也为学生的成长提供了舞台。学生们在老师的指导下,根据教育主题查找资料,开展活动,有效培养了学生自主管理的能力。

(三) 主题活动,规范行规

行规教育是学校工作中的专项性教育,必须处理好学校德育教育和行规教育的关系。在实践中,我们发现行规教育是学校德育工作的重要部分,是培养小学生文明行为习惯的教育,有利于克服我国长期以来在小学生德育中重宣讲轻实践和文明行为习惯养成教育形式化的弊端。我们明白只有增强德育工作的针对性和实效性,关注学生的行为表现,培养学生养成良好的生活习惯、学习习惯、人际交往习惯,遵守公共规范,这样才能有效推进行为规范教育。

根据学校制定的争章手册,开展了"小精灵"特色争章活动。"灵秀章"激发学生阅读的兴趣,拓展学生的视野;"灵通章"让学生加强锻炼,增强体质;"灵巧章"培养学生为他人服务的意识;"灵气章"让学生进一步规范自己的行为。学生在争章过程中找准了自己的位置,获得了自我发展、自我管理、自我教育的能力,良好的班风也悄然形成。

根据分年级学生的行规教育目标内容,我们开展了丰富多彩的活动,让孩子在主题明确的教育活动中养成良好的习惯。

1. 生活习惯。每学年以"环保日、诚信日、感恩日"为契机开展主题教育活动,具体活动内容根据实际行规薄弱环节制定,以学生自主发觉行规薄弱整治项目和自主制定整治活动内容为选题,开展针对性强、成效快、学生自主性高的行规教育活动。

2. 学习习惯。学校课程教学部要求各学科教师就上课、预习等教学环节,对学生提出具体的学习要求。每月根据各班的实际情况,评选出晨读示范班,并每月开展精灵之星评选活动,以年级、班集体为单位,开展达标争章活动,学校每月表彰,并在校园大屏幕上滚动播放"精灵之星"风采照。活动培养了学生的集体荣誉感,也让学生养成了良好的学习习惯。

3. 人际交往。在常规工作中,学校除了培养学生个体的行为规范外,还需要加强对学生心灵品质的教育。教师节期间,我们开展丰富多彩的尊师重教活动,孩子们通过唱一唱、夸一夸、演一演等形式颂扬自己爱戴的老师。在感恩节来临之际,学校组织学生开展端茶送水及按摩的活动,让孩子们通过自己的实际行动表达对长辈的爱。

在日常行为规范检查中,有校级检查,也有值勤中队自行检查。检查评比不是最终目的,关键是相互督促、相互学习、共同努力提高。在快乐中队建设中,同学们自己制定中队公约、自己组建自动化小队,充分体现"自主"管理,让同学们在自我管理中不断进步。通过激发学生自主性,让学生自我检查、自我监督、自我评比。以"引导"为主,创造适合学生成长的空间,提高发现问题、解决问题的能力,发挥学生的自我教育功能,促进了学生良好道德素质的内化,使学生的行为从他律变为自律,从规范性行为发展为规范化的道德素质和能力。

4. 公共规范。学校通过向学生免费提供"和炫音吧"、"阅读书吧"、"议事咖吧"及"科技魔吧"等设施和器材,要求学生免费使用后及时主动归还,给学生提供多个实践个人诚信的场所,让学生在实践中感悟,培养他们的自省能力和诚信意识,促进良好行规习惯的养成。

在开展"班级文化建设"大讨论的基础上,学校要求各个班级根据实际制定班级公约。各个班级的学生在老师的带领下各抒己见,认真开展讨论。以学生为主制定的班级公约能更好地发挥学生的主体性,在规范学生行为的基础上老师和学生之间有了更多沟通交流的机会,为构建积极向上,充满活力的快乐中队作好了准备。

环境教育对学生的行为习惯、交往礼仪、道德情操、审美情趣、价值判断的健康培育起到潜移默化的教育影响作用。学校充分利用现有场地条件,通过精心构思,大胆设计,营造主题化、教育化的学生活动区域,阅读书吧——"随手阅读、随时锻炼",小精灵舞台——"开放展示厅",科技魔吧——"探索葡萄生长奥秘",和炫音吧——"打开音乐的大门"。学校在不同的区域创设不同主题,让孩子们在活动中提升能力,同时接受环境熏陶,培养学生意志和良好的学习习惯等综合素养。

(四) 打造品牌 强化辐射

我校重视行为规范教育,积极开展形式多样的行规实践研究,并在研究的基础上形成了自己学校的特色,而孩子良好的行规表现在市级、区级的各类活动中都得到了认可与嘉奖。

1. 基于校情,打造品牌。我校是首批嘉定区"幸福课程"实验校,在参与课题过程中,起到了示范作用。我校自 2015 年起,每年举行德育节,让德育教育真正植入学生的心灵。近年来,我校的行为规范教育得到了市区领导的认可与肯定。我校德育分管领导与德育主任和部分班主任分别在山东青岛市与云南芒市分享了自己的教育体会。2015年,我校德育分管领导与青岛老师分享了德育管理经验。2016年,德育工作部部长带领班主任老师远赴云南,为芒市第一小学的老师们送去最一线的班主任管理心得与"做直抵学生心灵的德育"的交流分享。值得一提的是,行规教育下的小精灵圆梦活动,实现了教师的专业梦、孩子们的精灵梦、家长的希冀梦。

2. 精灵WE家幸福行。以人为本,孩子更是"本中之本",马陆小学的行为规范教育就是努力创造一个积极向上的氛围,以质朴的生活、温暖的人情、宽松的环境、酷爱文化的氛围,造就有灵气的新一代!

2013年以来,我们结合当下孩子的特点,家长的需求,社会的要求,努力思考学校与社区、学校与家庭之间的合作共育的关系,把学校三级家委会成员进行了分组,分为策划组、活动组和宣传组等。各成员根据自己所在的组别探究合适的活动,并构思参与活动的孩子所需要掌握的规则。这样从家庭教育中加强了对孩子要遵循规则的教育。

2014年,学校提出了小精灵教育。"六灵"行动深入每一位马小人的心中。我们成功地在片组活动中展示了"幸福课程"家庭篇,幸福课程率先与我们的"小精灵教育"亲密结合,也为我们之前思考如何对孩子全方位地进行行规教育打开了思路,于是,"精灵WE家幸福行"呈现在我们的面前。

我们和马陆各社区签订了"WE家协议",节假日、寒暑假,学生的行规教育在社会层面得以保障,社区的文教主任根据本社区的文教工作,定时定点定内容地组织学生开展活动。学校在假期中也派出"行规训导老师"下社区,了解学生在社区的情况,对行规偏差学生及时开展有针对性的教育。

嘉定有很多的教育资源,有很多民族文化传统基地。为了让孩子能不限于学校这一方天地的学习,我校与嘉定很多教育基地签约共建,有马陆葡萄主题公园,有嘉源海艺术中心等。学校德育工作部会提前做出精心设计和组织,指导孩子们如何赴基地参观学习,并由项目专门负责老师对孩子在活动中的表现进行评价。

孩子的健康成长,快乐幸福的学习生活,离不开教育。马小的每一位德育工作者,深知责任重大。他们力求在自己的教育过程中,让孩子掌握专业的知识,更能明了做人的意义。《小精灵幸福之旅》这本行规校本教材给了老师们方向,他们结合自己班级学生特点,有针对性地对学生进行行为习惯的训导。班主任纷纷上了"精灵幸福行"班会课,首届德育节上,班主任陆建松老师为我们带来了一堂别开生面的"互联网＋精灵幸福SHOW"班会课。他把暑期孩子们在社区、在基地、在全国乃至全世界活动的身影带进了课堂,同时带进课堂的还有震撼人心的2019年国庆阅兵式,军人们的身姿以及他们刻苦训练的精神品质再一次让孩子们懂得,良好的行规是一切集体活动成功的关键。

"精灵WE家幸福行"使学校的行规不局限于校园行规教育,也涵盖了孩子成长的所有时空,使得学校的行规教育更贴近学生幸福成长的需求,如表2-2所示:

表2-2 近年学校开展的展示辐射活动表

1	2014年5月	今天我当家《幸福课程》"我与家庭"版块开发与实施研讨——小学二片"两纲"联片研修活动
2	2014年10月	学科德育展示活动(洪雨露名校长班全体学员)
3	2015年4月	WE家行动在马小 春泥护花助发展
4	2015年5月	"心灵嘉园"共创建 爱嘉学子扬风帆——嘉定区中小学心理健康教育推进活动
5	2015年5月	"艺韵悠扬,精彩绽放"——嘉定区民族文化传承项目展示活动
6	2015年5月	补好钙铁氧,提升精气神——市、区少先队工作室活动在马陆小学举行(上海市少先队总辅导员赵国强)
7	2015年6月	区"基于课程标准的教学与评价"小学研讨会在马陆小学举行
8	2016年9月	马踏清秋,约见教育——2016学年马陆小学教育创新论坛
9	2016年10月	区建队日展示活动
10	2016年11月	"秀百年文化 慧精灵童心"区级师生才艺展示活动
11	2016年11月	真知灼见情满怀 百年文化励发展——马陆小学110周年系列活动之德育研讨
12	2016年3月	"小脚丫迈开幸福之旅"幼小衔接活动
13	2016年11月	策马采风百年情——嘉定区马陆小学特色课程文化展示活动
14	2017年11月	"携问题与研究,抵儿童之心灵"——马陆小学第三届德育节
15	2018年12月	"教育同行"家校共育活动
16	2018年12月	"潜修润品,崇德启慧"第四届德育节"潜修幸福行"之幸福课程课堂教学评比活动
17	2019年4月	70年,不变的红领巾——老物件寻访活动

三、反思成效,有效夯实行为规范教育

(一) 行规教育在路上

1. 思考在先。学校 2013 年被评为嘉定区行为规范示范校后,"争创上海市行为规范示范校"成为我们德育工作的重点工作。几年来,我们从教师规范到学生规范延伸至家庭规范,构画了学校行为规范教育的蓝图,每一次教育,每一场活动,领导小组都思考在先,切实做到行为规范教育落实在每一个细微之点,也正是因为这样,我校主办的建队日活动,给参加集会的每一位来宾留下了深刻的印象,孩子们良好的行为习惯让领导们大加赞赏。

2. 惠童优先。学校的德育工作,行为规范教育将小精灵们放在首要位置,着眼学生发展的实际,以孩子为主体,激励更多的小精灵规范言行、内化行动。几年来,我们为孩子屡屡搭建展演舞台,圆了孩子们的精灵梦! 每一位教师都能在学科教学中惠及每一位学生,给予每一位学生平等的爱,在对班级特殊孩子的感化教育过程中,让家长感受到了老师心中对学生的满腔热爱,他们把孩子的成长过程记录在册,把老师对孩子行为矫正的每一点进步都铭记于心,在六一儿童节时,老师收到了来自家长的感谢——感恩集。用爱换爱,以情带情,孩子在这样的氛围中学习,怎能不幸福,怎能不守规?

3. 岗位争先。行规教育的过程,是孩子从他律到自律的过程。在获得区行为规范示范校之后,我们不断学习市级行为规范示范校的成功之处,并结合我们的校情,年年有重点,期期有内容地开展行规教育。在多维度的行为规范教育下,孩子们积极争当表率! 精灵巡查员,精灵之星,漫步在校园,看到的是马小精灵举止文明的行为,感受到的是他们爱班爱校爱集体的情怀!

(二) 行规教育在心中

1. 心有标尺。在"爱学习,有灵气;懂礼仪,展灵秀;勤动手,呈灵巧;善合作,显灵通"的行为规范教育的总目标下,学校设立了级段目标,根据每个年级学生的实际,制定详细要求,做到层层递进。同时我们提出了"十好习惯 精灵之行"的要求,各班根据班级实际制定班级公约,进一步加强学校行为规范教育的建设。在此基础上,我校还通过各种形式广泛宣传,让每个孩子的心中有一个明确的行动指南,并真正内化为学生的自觉行动。

2. 行有标杆。我们用文化温润每一位师生的心灵。党支部以"和风论坛"为平台,以"骏马三个一"活动为载体,注重师德建设。积极宣扬高尚、无私、忘我的平凡事迹,"月度人物奖"润物无声,感动人心,"尚德之星"、"灵智之星"成为马小教师心目中的"冠军"。每一个马小人从"自我"为中心逐渐内化为"自然"的行为,引领学生健康成长。行为规范训练做到一周一项目,一周一反馈。每周二的《星星有约》及时总结上周行规训练情况,成为行规养成的方向标。

3. 领有标兵。每月实施"精灵之星"的评选,"小骏马"金、银、铜奖的评价机制,以点带面,引领更多学生规范自身言行。学生实现自我管理是现代教育发展的一个重要趋势。我们一直着力发挥学生的自主管理能力,将一些行为规范各方面表现优异的学生组建成"小精灵志愿者"和"小精灵巡查员"队伍,既对学生的行规进行全面检查,又以良好的风范引领周边的同学,检查结果及时公布在行规晴雨表和卫生笑脸墙上。我们也会对这批志愿者加强培训,让他们能更好地发挥作用、提升能力,让孩子在实践中不断地提升。

十年树木,百年树人。学生的行为规范教育工作不是一朝一夕就能完成的工作,让我们共同行动起来,为孩子的健康成长,尽一分责、出一份力,发挥应有作用!让我们一起且行且努力!

第三节　从知晓到体验:升华素养

德育工作要有针对性,才会有实效性。要有针对性,就要直面现实。要有实效,就要直抵心灵。德育工作的实质就是"浇花先浇根,育人先育心",要达到这个目标就必须设计富有针对性的内容与活动、形式多样的贴近小学生身心特点的教育形式。

一、学校德育工作的再思考

《中共中央国务院关于进一步加强和改进未成年人思想道德建设的若干意见》中指出："坚持贴近实际、贴近生活、贴近未成年人的原则。既要遵循思想道德建设的普遍规律，又要适应未成年人身心成长的特点和接受能力，从他们的思想实际和生活实际出发，深入浅出，寓教于乐，循序渐进。多用鲜活通俗的语言，多用生动典型的事例，多用喜闻乐见的形式，多用疏导的方法、参与的方法、讨论的方法，进一步增强工作的针对性和实效性，增强吸引力和感染力。"这一意见主要针对现实德育工作中的几个问题。

首先，是德育工作不够"接地气"。2016年我校教师参加了市级层面的关于小学四年级与初中八年级德育质量影响因素的调查工作，结果发现，现如今的德育给老师、家长与学生"高大上"的感觉。这样的德育明显不符合儿童成长的需求，最终结果是儿童既不能"顶天"，也不能扎实"立地"。

其次，如今学校德育教材大都是根据教学大纲编写的教科书，相对稳定、滞后，德育的内容容易固化，这样既不符合现今孩子的身心发展特点，也违背了德育工作的规律。

再次，现在大多数德育工作重行为引导轻心灵点拨。孩子们在学校里能遵守校园的规章制度，可是一旦放小长假，孩子们身上的陋习又再次出现。那是因为在平时的班会晨会过程中，我们班主任老师时刻提醒孩子"什么不能做？什么能做？"所以孩子在校园里能遵守校纪校规，这种教育还没有深入孩子心灵。再比如学生明明知道，在车辆行驶的过程中，不能把垃圾扔到窗外，可有的孩子就是不把这句话记在心中，我行我素。这都是因为我们在行为引导教育的过程中没能触碰到学生的心灵。我们的德育要真正做到直抵孩子的心灵，不仅要注重对学生的行为引导，更要重视对学生的心灵点拨。

最后，德育工作评价多功利。一些德育工作的评价没有固定标准，且具有一定的功利性。在教育中，由于受个人能力与学习水平的限制，很多教师没能深层次领悟发展性评价，在教学活动中不限量地给予学生表扬，当学生出现某些方面的不足时，教师并没有采取有效的帮助措施，而是简单提醒学生就算完事，久而久之，让学生不再重视教师对自己行为的评价。这就使得学生对教师的表扬有了"抗药性",这样,教育评价就难以发挥自身应有作用。

二、直抵儿童心灵的德育理念

教育的宗旨终归是对人的发展。一切德育工作活动的共同特征,是把"人"放在优先地位。对人的主体性的弘扬,是德育工作的核心。德育工作活动的设计、实施、评价,都不能忽视德育工作活动的主体——学生。只有如此,德育工作才能鲜活、生动,德育工作的思路才会发生质的转变。德育工作更要面对学校生活,要直面学生生活的问题与困惑,才能激发主体的内在动力和内在生命的体验,让学生在各种关系中产生、积累、内化情感体验,才能有效地提高他们的道德内化能力。让学生学有所思、思有所悟、悟有所行、行有所感。

直抵学生心灵的德育,在目标与内容上奉行"低重心、低起点"的思想,从"近一点、小一点、实一点"的活动入手,使德育活动真正贴近儿童的生活世界,贴近儿童的生命成长。它是通过营造生动的、具体的、形象的教育文化情景。情景就是一种润泽、一种滋养,情景就是教育智慧的物化。有价值的教育一定是触摸到学生心灵,获得学生的真心认同。德育工作的形式要通过激发引导,让儿童在道德情境中自己去判断、去思索,在道德判断中认识自己,在道德思维中提高自己,从而更好地进行自我教育。直抵心灵的德育重对话、重体验,反对一味的灌输与说教,一味地大讲特讲能做什么不能做什么,学生并不会就此俯首贴耳,诚心践行。空洞的说教代替不了潜移默化,高喊政治口号没有多少内化作用,因此,少说套话、大话,不说连自己都感动不了的空话。

三、直抵儿童心灵的德育实践策略

孟子说过,人之性有四端:恻隐之心,羞耻之心,辞让之心,是非之心。恻隐之心,仁也;羞恶之心,义也;恭敬之心,礼也;是非之心,智也。仁义礼智,非由外铄我也,我固有之也,弗思耳矣。故曰:求则得之,舍则失之。或相倍蓰而无算者,不能尽其才也。为了让我们的德育不再流于形式,内容富有新意,评价更接地气,我校尝试从行为引导到心灵点拨。力求从"行走学习、架构课程、心灵转换、家校互动、创新评价"等方面开展德育实践工作,努力使德育工作直抵学生心灵。

(一) 行为引导,体验美好

荀子说:"不积跬步,无以至千里;不积小流,无以成江河。"叶圣陶说:"要解放孩子的头脑、双手、脚、空间、时间,使他们充分得到自由的生活,从自由的生活中得到真正的教育。"

为了让孩子在实践中懂事明理,我们组织学生开展春秋两季的社会实践活动,让孩子通过亲近大自然,感受生活的美好,激发学生爱家乡的热情。在外出实践活动前,德育工作部都会利用晨会课对学生进行宣传,各班的行为规范示范员对自己班级与相邻班级的学生行规进行检查评比,并记录在册。因此,在每一次社会实践活动中,学生均能做到文明、有序。

场馆文化学习中,学生会顺着专任老师的引领聆听场馆介绍,参观场馆文化,学习课堂外的知识。在小学五年的时间内,孩子们走进孔庙、博物馆、自然馆、交通馆、李白故居、宋庆龄故居、游击馆……我们根据孩子所寻访的场馆,有的放矢地对学生进行教育,有革命的教育、有历史的教育、有建筑审美的教育等,让孩子在场馆寻访中了解中国博大精深的传统文化。

为丰富学生的暑假与寒假生活,学校每学年组织夏令营与冬令营活动,我们奔赴井冈山,体验革命先辈们走过的长征路;走进安徽宏村,了解中国徽派建筑;去南北湖,欣赏自然风光;观秀丽黄山,感受大自然的鬼斧神工。

在夏令营活动期间,我们根据夏令营所去的地点的不同,设置不同的夏令营导学单,让孩子边走边学,学到更多课本上无法学到的知识。

(二) 心灵点拨,知行并重

中共中央办公厅印发的《关于培育和践行社会主义核心价值观的意见》中明确指出:学校教育要适应青少年身心特点和成长规律,深化未成年思想道德建设,构建大中小学有效衔接的德育课程体系和教材体系,创新中小学德育课,推动社会主义核心价值观进教材、进课堂、进学生头脑。要完善教育网络,形成育人合力。

一是编制乡土特色课程。为了使得德育工作更接地气,让孩子爱祖国爱家乡,我校充分挖掘地域特色葡萄的育人元素,确立了"笃实、向上、合作、进取"的价值取向,架构《葡萄的自述》乡土文化特色课程，让学生在"种植葡萄"，"采摘葡萄"、"酿造葡萄酒"体验过程中再一次走进葡萄的世界，提升学生的爱乡之情。

二是创编素养校本教材。为了加强学生的习惯养成与行为教育，笔者根据不同年级学生的年龄与心理特征，编撰了分年级素养校本教材《精灵宝典》，实现分级培养。一年级：小精灵讲礼仪，旨在让孩子知道各种场合的礼仪，做一个有礼仪的小精灵。二年级：小精灵讲团结，主要是在一年级礼仪教育的基础上，让孩子有集体意识，增强集体荣誉感。三年级：小精灵讲诚信，旨在对孩子进行诚信教育，要求孩子能信守承诺，做一个守信的小精灵。四年级：小精灵思进取，旨在引导孩子在小学阶段能有志向，并能朝着自己的志向努力。五年级：小精灵显自信，这是孩子在小学阶段的最后一个学期，为了更好地进入初级中学学习，教育孩子自强自信，勇敢地面对一切。通过各阶段校本教材的编撰，让教育真正落地，符合校情，贴合学生实际。

三是开发习惯养成课程。为了深化学校"小精灵教育"特色，实现灵心德育，我们确定了小精灵"十好习惯"德育课程，编撰了"精灵之旅——德育校本教材"，力求让孩子们能在五年十个学期的校园生活中，通过学习"精灵之旅"的课程，成为爱学习、懂礼仪、勤动手、善合作的小精灵。

我们统整小学阶段的教育要求，初步构思了"十好习惯"课程序列，确定了各年段学生的成长角色定位及相应的教育要求，并将活动设计与少先队雏鹰争章活动、社会实践活动整合，在孩子进入马小的五年十个学期，应学会的十个习惯，进行策划，把它分成"家庭习惯"、"社会习惯"和"学校习惯"三大板块，完成各年段课程序列的设计编写。

德育工作部根据学生的成长特征及发展要求，进一步明晰每个年段学生的成长角色，探索建立精灵成长"十好习惯"课程序列，努力形成横跨整个学段、涵盖全年教育教学、统整各部门工作、体现精灵教育"自主教育，快乐成长"特色的德育行规教育课程。

（三）家校互动，共创育人环境

一是民主合作。学校一直重视家委会工作，学校计划的制定、校园环境的改建，家委会均参与讨论。孩子们的重要时刻，家委会成员代表一起参与，扩展教育的外延，为孩子创设良好的学习氛围。

经过几年的打磨，学校的家委会工作在区里小有名气。我们是全区唯一一所家委会组织拥有"课程部"、"活动部"、"保障部"、"宣传部"的学校。家委会各个部门有效沟通，认真做好桥梁、保障、活动、宣传等工作。

二是平台展示。自从学校家委会微信平台创建之后，家长们又多了一条了解学校，了解学校教育的途径。家长朋友在平台上分享自己的育儿心得，对于学校的教育教学提出自己的意见与建议，为了孩子的成长，家校携手，共创未来。

2017年夏天，根据我校家庭教育的普遍现象，我们编撰了"小精灵家庭教育幸福指导手册"，为2017级的一年级新生家长的家庭教育提供了有效指导，让家长知晓家庭教育中如何通过行为引导心灵点拨，让孩子幸福成长。

(四) 心灵旋转，敞开心扉大门

一是角色互换。德育入心，就是让真善美的种子在孩子的心灵扎根，让孩子设身处地为别人着想，让孩子们彼此敞开心扉大门，为此，我们开展了角色互换活动。做一天家长，做一天老师，做一天同伴，让孩子们在角色互换中学会体谅，学会包容。

二是爱心涌动。人之初，性本善。学校组织真情感恩互帮互助活动，孩子们纷纷拿出自己心爱的文具与书籍；参加家委会组织的周末义卖活动，所得的义卖款帮助偏远地区的小朋友，让真情流露，让爱心涌动。

三是栏目反馈。每周二，我们带领德育工作团队定期反馈学生一周行规，《星星有约》栏目是孩子良好行规养成的方向标，她会告诉孩子们什么是正确的行为，什么是好的习惯。一周一习惯，一周一反馈，让孩子们在班主任老师的行为引导，心灵点拨下，逐渐养成良好的行为习惯，让德育直抵学生心灵。

(五) 创新评价，激励学生成长

在《上海市教育委员会关于小学阶段实施基于课程标准的教学与评价工作的意见》指导下，我们明确对学生的学习评价应以课程目标为依据，使过程评价与结果评价、定性评价与定量评价、主观评价与客观评价紧密结合，从基础知识和基本技能的掌握、语言实践活动的参与、兴趣、态度和习惯的养成三个维度全面地对学生进行评价。

在德育工作过程中，我们要求教师应随时记录，及时发现学生的兴趣点、障碍点、发展点；应多作纵向比较，少作横向比较，让学生通过自我比较，感受进步，体验成功，增强学习的自信心；应让学生和家长参与评价（包括学生的互评和自评），以全面、客观地评价学生的学习情况,以充分发挥评价的导向功能。

根据校本课程标准的修订意见,完善德育校本评价标准,以等第制和评语式相结合,围绕"知识技能"、"综合实践"和"兴趣习惯"三个维度开展基于课堂的真实性评价,提出"三四三"的特色评价,创新等第制评价方式。

评价方式"三结合":有家长评价、教师评价、学生自评相结合,家校合力,达成共识。

"四小骏马"在行动:基于课程标准,将评价内容设计为"礼仪小骏马"、"爱心小骏马"、"好习惯小骏马"、"智慧小骏马",每个目标都有具体的评价标准和细则。

评价等第"三结合":以紫悠(优)、绿盛(胜)、橙景(进)作为评价等第,以有颜色的符号让评价显得更温馨和直观。在等第评价中保护学生自信心,激发学生兴趣,让学生有"跳一跳,可以摘到桃"的进步愿望,并且以"长辈寄语"、"小骏马一句话感言"、"我的学习收获"等互动语言来交流和分享阶段学习成效。

《小精灵之旅》课程评价体系要求各班主任对学生进行综合评价,以日常性评价为主,对学生在学习活动中所表现的行为思想等专项能力和综合学习能力予以评价。我们注重对探究、拓展型课程中学生参与意识、体验态度、活动收获等方面的评价,凸显"体验性"。利用流通护照的方式,对学生的综合素养予以评价。通过评价点拨,激起孩子内心向上向善的追求,让德育工作直抵儿童心灵。

第 三 章

灵趣：让经历丰富学习

知识的积累离不开广泛的学习，能力的提升需要实践的历练。富有儿童味的小精灵之旅课程，通过「博学广场」、「精灵舞台」、「创智天地」、「陆陆习礼」等活动形式，丰富了孩子们的学习经历，为他们打开了生命提升的绚丽之窗，为他们撑起了快乐成长的蓝色天空。

清风徐来，枝蔓摇曳，散落在马陆乡野的一个个葡萄园中，正迎来收获的季节，一颗颗、一串串，紫的、绿的交相呼应，成就葡萄园丁们一脸的幸福与自信。

"葡萄"是马陆镇的一个本土品牌，是马陆人民心中赋予人们美好生活的"精灵"。那蔓延于马小校园的一抹紫，让葡萄架上馥郁芬芳，葡萄架下笑声满园。葡萄，果味清甜，清新优雅；簇拥生长，团结共进；多元丰富，延伸进取。而这些，也是一个优秀儿童应该具备的良好素养。在我们眼里，孩子们也如这一颗颗灵动精致的葡萄，似一个个灵动、睿智、合作、进取的可爱的"小精灵"。

第一节　把美好种进儿童心田

小精灵教育是我校基于本土特产马陆葡萄引申出来的教育哲学。在我们看来，每一颗葡萄就是一颗精灵，每一个孩子都是一个精灵。建基于此"每一个孩子都是一个精灵"是我校的儿童观；"小精灵教育"是我校的教育哲学理念。

小精灵教育是温润的教育，教育需要"润物细无声"的安静润泽，只有在安静润泽的状态下，才会有真正的思考和真正的教育；小精灵教育是灵动的教育，教育家认为孩子是富有灵魂的生命，他来到这个世界是为了发展其身体、心智和灵性。当人的灵魂受到灵性教育的滋养，他的心智和才能也将随之展开；小精灵教育是精致的教育，要学会倾听儿童、帮助儿童、尊重儿童，这样我们才能走进儿童的精神世界，在彼此的尊重信任下共同发展；小精灵教育是赏识的教育，心理学家威廉·杰姆斯曾说过："人性最深层的需要就是渴望别人的赞赏，这是人类之所以区别于动物的地方。"真正的赏识不是教育的手段，而是发自内心对孩子的信任；小精灵教育是陶冶的教育，人的灵魂教育、精神成长必须有一个"中介"来实现，这个中介就是陶冶。陶冶是一种生活形式，它的目标是全面造就人，铸造人的本质；小精灵教育是优雅的教育，正是因为有了优雅的存在,生命才能在人性的层面焕发出更加动人的光彩,给生活增添了美好的情调。然而,优雅并不是天生的,它来源于整个生活环境的熏陶,教育当然是其中最不可或缺的重要因素。

一、用美好温润儿童的心灵

根据"每一个孩子都是精灵"的办学愿景,实施"用美好温润儿童心灵,让经验伴随儿童成长"的课程理念,学校在 2015 年 10 月成立了"童心行动"课程研发组,用我们的"童心"设计课程,把我们的"快乐"注入课程学习的灵魂,努力构筑富有学校特色以及地域文化特征的"小精灵之旅"课程。

在"笃实、向上、合作、进取"的学校精神(校训)引领下,我们坚持实现"用美好温润儿童的心灵,让经验伴随儿童的成长"的办学承诺,努力做到让我们的孩子成长得更科学、更自然。

用美好温润儿童的心灵——基于学生培养目标的指向,学校应给予学生科学、艺术、人文三大类的知识。"科学"追求的是"真",给学生理性,让学生理智;"艺术"追求的是"美",给学生感性,让学生富有激情;"人文"追求的是"善",给学生"悟",让学生有信仰。因此,完美的知识渗透才能真正使学生的心灵得到滋润和呵护,挖掘一切美好的教育元素,用"真善美"温润儿童心灵。

让经验伴随儿童的成长——经验就是能力的体现,要让学生日趋成熟,不断成长,必须让学生关注社会、了解社会、参与社会;关注学生的心理成长、精神成长、生命成长。知识的积累并不等同于能力的积累,将知识转换成能力,才是学生真正的经验习得。因此,我们的任务是指导和帮助学生积累并具有一定的学习知识、适应环境、人际交往、交流思想、开拓创新、参与社会活动等能力。让经验成为孩子的财富,伴随他们幸福成长。

(一) 课程即生命的眷注

用生命的观点来理解课程,课程的价值追求就是生命的成长,或者说是对新一代生命价值的提升。不仅仅满足每一个生命体潜在生命力开发与生长的需要,而且努力达成生命之间的相互理解和认同。理解生命,是为求真;敬畏生命,是为求善;珍爱生命,是为求美。课程的展开过程就是师生以其本真状态投入生命之流的过程,是对生命的眷注。

(二) 课程即美好的拥有

"让我们在海边建构学校,开展课程,这里儿童可以与阳光散步,与海浪交谈;让我们打开一个新的世界,这里有梦想、游戏、低语、笑声,甚至也有风暴;让我们创造一个,如多尔所言'充满灵性'的空间,这里儿童能够在异乡人的陪伴中冒险步入生活的神奇。一个不断的、永远演变的、没有终点的旅程:与儿童一起,我们永远在征途上……"这是王红宇在《异乡人的呼唤:德韦恩·休伯纳的精神旅程课程愿景》一文中描述的"课程愿景"。可见课程即美好的拥有。

(三) 课程即灵动的呈现

课程不仅是简单的教科书,而是包括了整个立体式的空间,这个空间是灵动的,因为灵动的课程是"全空间安排"和"全功能目标实现"。灵动的自然空间课程,包含了亲近自然、认识自然、研究自然、热爱自然、热爱生活、热爱祖国等要素;灵动的社会空间课程,包含了认识社会、学习社会,培养对社会负责的人等要素;灵动的心理空间课程,包含了心理积极、心理和谐等要素,使学生成为具备正确价值观、为未来发展准备了充分知识、能力和智慧的人。

(四) 课程即温润的分享

我们力求营造一种合作、对话与探究的课程文化。所谓合作文化,就是强调课程的开放性。每一位儿童都是一个完整的生命体,促进其发展需要多人合作才能实现。同时,每位儿童都有差异,他们的发展取决于有差异的课程,没有合作就不可能提供有差异的课程。合作即分享,分享知识的积累,分享学习的经历,分享心灵的成长,在课程中促进分享成为一种习惯,让分享温润孩子成长。

(五) 课程即心灵的成长

心灵的世界有多大?无限大!正如雨果所说:"世界上最广阔的是海洋,比海洋更广阔的是天空,比天空更广阔的是人的心灵。"心灵的成长有多重要?心灵的财富是什么？是人的精神、人的目标、人做事的动力、人感受生活及品味快乐的能力。精神世界充实的人，才是富有的人。成功的课程是为孩子的成长注入心灵的滋养，所以，我们教育的效果，并不在于教育内容的本身，重点在于教育内容与教育方式是否符合儿童身心实际，达成促进儿童心灵成长的课程是"真教育"。

二、亲近自然、纵情书香、涵养气质

课程是什么？课程是教育行进的通道，课程是实施学校教育的有效途径。生活中，课程无处不在。课程在学校教育中立于重要的地位。在嘉定区"品质教育"的行进中，课程改革也受到了积极的影响，不仅让教师重视课程变革、思考课程的方向，也让学生在课程改革中受到更加实际的教育意义。

（一）课程定位：一次学习之旅

从课程设计的全局考虑，把握课程定位方向成为课程设计之初最重要的思考，我们提出在课程开展的过程中重视学生的每一次学习过程体验，将学校的课程定位为课程的学习之旅。我们给学校课程起名为"小精灵之旅"，这是一个富有童话色彩的名字，也是一个充满诱惑力的名字，当课程学习设置成为一次又一次学习的旅行，也让旅行赋予学习的意义，而这个旅行必将也是有趣的，愉悦的！

围绕"用美好温润儿童心灵、让经验伴随儿童成长"的办学理念，"小精灵之旅"的课程设置将学习触角伸展至学生生活、成长领域。把学校、社会、家庭三角组成一个连贯的整体，支撑起学生幸福成长的环境。围绕学生开展的各项活动，课程从五年学校生活的实际出发分成五个主题：一年级的动手、二年级的阅读、三年级的世界观、四年级的海派文化、五年级的自然与环境。课程的定位是基础、丰富、成长。我们不仅梳理众多的教学内容，把碎片化的信息加以整合重组；也挖掘马陆本土葡萄的乡土文化，落地生根建立良好的课程逻辑；立足"学生为中心"的课程，实施课堂结构性改革，让课程能够得到更多学生的喜爱并服务于生活，使学生获得生活能力，树立科学的世界观，形成良好的性格与情趣等。

学习是一种经历，其价值在于让学生在多样性的课程学习与实践中发现与收获智慧，在"小精灵之旅"丰富的课程体验中，研发组老师们用行动带领着课程的研发与实施,带领着学生的学习与体验,让课程真正实现丰富学习经历的价值体现。我们意图,让"趣课程"带给学生丰润滋长的学习空间,让学生在学习的"趣过程"中养成学习的爱好、兴趣、习惯以及树立自我发展的志向。

(二)课程旨趣:涵养儿童气质

一所优秀的学校要有响亮的歌声、开心的笑声、琅琅的书声,以此来滋养"亲近自然、纵情书香、涵养气质"的办学实践。让孩子们在教室、社会、大自然中"亲近自然",通过读书、品书、省书来"纵情书香",培养正气、志气、灵气和"涵养气质",从而实施"用美好温润儿童心灵"的课程理念。

1. 亲近自然。我们努力挖掘和创造各种美好的教育元素,通过一次次游学,走出班级、走出校门的实践探究来亲近自然、品味人生;通过一次次走入社区场馆、走入各行各业的实际场所来体验生活、培养情趣。

2. 纵情书香。学校在校园文化创设的设计中,有意识通过各个环境打造书香校园,通过两年的努力,如今的马陆小学校园中,大到整层楼面的"图书传媒中心"、视听结合的"影音鉴赏教室";小到学生穿越的廊间、经过的楼梯转角、改造成蓝色小书屋的消防设备、大厅专设的阅读书吧等,满目书海飘香、回味书香满园。学生可以唾手可得的书本,不经意间营造了"读书"的情境,激发"阅览"的热情。

3. 涵养气质。重视内在提炼是课程培育的目标之一。内涵是一个人从小慢慢耳濡目染并慢慢积累、自我积淀而成的一种反映自我、与他人不同的素养凝练,在学校"书香校园"的各项活动中,打造"闻香品书"晴雨表、每日诵读经典活动、小精灵校园舞台剧等,都给孩子们创设了学习与提高的空间。

总之,成长比成功更重要,心灵比心情更重要。成功只是一种结果,而心灵的成长是一个过程,过程比成功更有分量。杨澜说过:"你可以不成功,但你不可以不成长。"心灵成长的过程决定了成功的高度,是成功的基础。虽然"心灵的成长"远远没有"成功"那么诱人,但却比"成功"更有份量、更重要。一个成功但心灵不成熟的人可能是一个富有的人,但却不会是一个生活美满充实的人;一个成功但心灵不成熟的人可能是一个美丽英俊的人,但却不会是一个心灵美好的人;一个成功但心灵不成熟的人可能是一个事业有成的人,但却不会是一个受人尊敬的人。我们的小精灵之旅将会开启每一个孩子的心灵成长之旅,用美好温润童心,用经验伴随成长!

第二节　丰富而活跃的课程图谱

对于学校课程问题,我们一直在追问一个问题:学校课程的开设是否真正能服务学生的各种核心素养和能力的养成,并最终促进学生的不断成长?

在课程设计时,我们的眼光有时一直踯躅不前在于课程的种类和课程的活动,而缺少一种从学生角度全面运营的策略思考。例如,我们去看一所学校的课程活动,看到学校课程展示的丰富性、看到课程内容的多样性、看到课程活动的多彩性,而最终给予观摩者的总结语,一般也局限于对于这所学校课程的种类、形式等方面的褒贬,而缺乏对于这所学校课程服务学生成长性的总体设计的研究与发现。反过来说,为什么会有这样的结果,其实也是我们大部分学校在设计和架构学校课程的过程中忽略了一个重要的问题,那就是找到课程建立的理由——从学校、学生、教师、管理等基本问题去思考建构课程目的,从宏观层面全局性地设计课程蓝图。

一、寻找课程设计的着力点

我们提倡以基本问题、持久理解、主要表现性任务和量规等四个要素构思课程框架。这些总括性的要素为所有单元和单元间的相互衔接提供了设计构图。在课程架构的初始阶段,我们考虑了如下问题,从素养培育、学生需求、学科范围、教师团队、课程管理五个方面去全局思考来解决学校的课程问题。课程的宏观思维有助于把握课程总体思路的正确方向,理解课程梳理的逻辑性,但从宏观到微观,也需要慢慢去细化这些课程脉络。基于学校实际情况,我校课程的研发架构过程也必须遵循运用宏观思路去架构课程,这才是我们目前能做的事情,从"提出问题"到"解决问题"的方式,有指向性地去设计学校的宏观课程。

(一)地域文化的启迪

马陆小学位于嘉定区马陆镇核心位置,在原有的特色课程活动中,学校积极挖掘并利用马陆地区乡土资源,牢牢依托地域资源,开展了丰富多彩的《马陆印象》等科技实践活动,引导学生们发挥聪明才智,探究葡萄的生长奥秘。主要整合的资源有马陆葡萄研究所、马陆葡萄开发有限公司、马陆葡萄主题公园、马陆葡萄种植农业户。依托社区资源,努力让葡萄探究创新项目科普实践活动走进社区,从而提升学校科技教育的含金量,展现学校的文化品位。2014年第29届全国青少年科技创新大赛中,学校"葡萄实践之旅"科技实践活动获嘉定区一等奖、上海市一等奖、全国二等奖的佳绩。

基于以上原有基础,立足课程从"科技类"的"局域性"向"全学科"的"广域性"发展考虑,学校整合马陆地域文化——葡萄文化,提出"每一个孩子都是精灵"的办学愿景,以"亲近自然、纵情书香、涵养气质"的办学追求,构建"小精灵之旅"课程。从地域文化出发让课程蕴涵地方文化气息,让课程更接地气,更容易得到学生认同并产生鲜活的学习情愫。

(二)课程活动的设计

丰富的课程活动是吸引学生参与到课程学习的良好方式,探究型课程《马陆印象》从马陆的地理、环境、人口,到马陆的经济、教育、房产,再到"马陆十景",最后到"马陆名人",让学生深切感受着家乡的巨大变化和家乡名人(王敬铭、娄坚、赵小兰)的伟大。《马陆印象》探究型课程还有机整合了其他课程,例如在"马陆十景"探究活动与美术学科整合后,开展了"我眼中的马陆"年级绘画比赛;与信息学科整合后,进行了"美丽家乡"电脑绘画赛。在"家乡名人"探究活动与班会课整合后,开展了"我心目中的赵小兰"故事演讲比赛;与语文兴趣课整合后,开展了"我眼中的马陆"征文比赛。从而在探究体验中让学生有了自己的"马陆印象"。

承接以上课程活动基础,学校重新架构的"小精灵之旅"课程的学习方式,以"旅行"作为学习的主要过程,给课程增添更多的趣味。选课的趣味性,外出学习课程的互动性等都给课程增加了美好。活动以"旅行"为主要方式,再延伸其他课程的活动,如"小精灵TOWN"课程活动,把精品课程作为这项活动的重点打造,提供一定的学习环境与场所,让课程更能体现以"体验"为中心、以"能力获得"为重点的学习目的;此外,另一项特色化的课程活动——"五色风马主题探究周"则以一周"学习之旅"让所有学生参与其中,集中在一周学习的过程,让学生放下书包,身临"探究"学习环境,主题式地参与、全方位地引发"兴趣"、促动"思考"、拓展"认知"。

(三) 分级工作的完成

梳理课程工作中的各环节,脉络清晰地部署落实,从总体的架构到分级工作再到各细节的细化,才能让课程实施稳步前行。我们倡导合作开发路线,让教师合作、家长参与,集众人智慧开发课程。这样做的好处是,课程成为了独立的产品,只要稍加培训,加以课程的熟悉,最终的课程教学开展是你、我、他乃至于家长都可以来进行教学的状态,任课教师都能将其产业化操作与运营,保证课程的有序开展,乃至将课程得以推广。

1. 合作开发:发挥个人优势,让教师自主选择适合自己的开发课程,组成合作组,合作开发课程内容,并设定教学手段与方式方法,细化课程教学。

2. 模块开发:把课程内容模块整理,分发给各模块负责教师,建立模块合作组,优化课程内容的选择以及课程教学方式、手段。

3. 个性开发:利用家长资源,在家委会的作用下,组成个性化课程开发团队,利用家长的工作性质、智慧开发可以加以推广的课程,鼓励家长进入课堂上课。

(四) 长短课程的巧用

1. 长课程安排在每周三的快乐活动日。快乐活动日有 70 分钟,课时较长,因此既可以安排连续两课时的内容,也可以安排独立的单课时教学内容。

2. 短课程安排在晨会课时间。学校的每日晨会课时间为 8:00—8:15,可以开展短课时的教学内容,例如空间整理版块,内容短小,以动手操作为主,以班级为单位进行教学活动。

(五) 多种教学的安排

1. 教师面授课。主要是"快乐 DIY"和"家庭百宝箱"两个版块,以学校教师授课为主。

2. 家校联动课。表现在"空间整理"与"家庭种植"版块,以学校教师授课和家长共同参与辅导为教学形式。

二、课程的逻辑架构

以"弘葡萄清新之品、扬骏马奔腾之质"的工作信念,学校教师在"小精灵教育"的哲学思想引领下,有逻辑地搭建课程建设的框架。在课程推进过程中,首先让全校教师对"每一个孩子都是精灵"的理念在理解的基础上,在思想上认同并形成共识,产生共同的目标与理想,从而激发教师课程开发和实施的积极性。

(一) 育人目标

秉承马陆地域文化——葡萄文化,我们希望,学校培养的孩子灵动、聪明、机智;性情温良,开朗热情,可爱精致。因此,我们提出,"小精灵教育"旨在培养"爱学习,有灵气;懂礼貌,展灵秀;勤动手,呈灵巧;善合作,显灵通"的小精灵群体。具体育人目标如下:

爱学习,有灵气,体现为"三会":会观察、会思考、会探究;

懂礼貌,展灵秀,体现为"三敢":敢协调、敢评价、敢改进;

勤动手,呈灵巧,体现为"三好":好动手、好动脑、好展现;

善合作,显灵通,体现为"三有":有礼仪、有主见、有思路。

(二) 课程目标

我们梳理以上"小精灵教育"育人目标,根据不同年龄段学生的认知规律与能力获得要求,分年级将其细化成"小精灵课程"素养与能力培育目标,如表 3-1 所示:

表 3-1　分年级课程素养与能力表

	低 年 级	中 年 级	高 年 级
爱学习 有灵气	会观察 从小热爱学习,掌握低年段文化课程标准规定的要求,基本养成听说读写的良好习惯。学会观察周围环境,寻求自己喜爱的事物,培养一定的兴趣爱好。	会思考 热爱学习,逐渐形成浓厚的学习兴趣,掌握中年级文化课程标准规定的要求,进一步养成听说读写的良好习惯。注重联系实际,初步会将所学习的知识与技能运用于生活,学会思考。	会探究 热爱学习,保持浓厚的学习兴趣。掌握高年级文化课程标准规定的要求,达到课程标准规定的学业水平。养成较好的听说读写的习惯,能熟练的将所学运用于实践,掌握科学的学习方法,有探究精神。

	低　年　级	中　年　级	高　年　级
懂礼貌 展灵秀	**敢协调** 懂得基本的道德规范和做人的道理,学会必要的处事能力,形成基本的行为习惯。从小有礼貌,尊长辈,有孝心,友爱同学、尊敬师长。	**敢评价** 树立正确的人生观,具有积极向上的人生态度,高昂的生命意识,明确人生的价值、意义,处理好个人与集体、社会的关系,敢于评价,有正义感。	**敢改进** 爱护自然,认识人类与自然的相互依存关系。关心社会环境,能处理好个人与环境的关系,保护自然。逐步养成对自己、对班级的责任感。树立较强的自信,及时学会改进自我。
勤动手 呈灵巧	**好动手** 掌握一定的生活技能,能用简单的工具对物体进行较细致的观察。逐渐形成爱自然、爱科学、爱动脑的质疑精神,能大胆提出问题,逐步学会思考问题。	**好动脑** 热爱生活,能对自然界现象提出"为什么",并能尝试独立去探究问题的答案。学习积极主动,对自己有自信,能独立思考问题,并主动求得答案。	**好展现** 拥有强烈的社会责任感,具有诚实、守信的品格,培养言行一致的风格,全面养成良好的行为习惯。形成较强的自信心,充满活力,充满智慧,充满创造力。具有爱家乡、爱社会、爱国家的情感。爱好广泛有特长,学会充分展现自我。
善合作 显灵通	**有礼仪** 关心自己的生活环境,初步会爱护环境,不乱扔垃圾。形成对学习、对生活的自信与活力。形成爱班级、爱学校、爱父母、爱老师的真实情感。友爱同学、尊敬师长,落落大方有自信。	**有主见** 学习积极主动,对自己有自信,能独立思考,能表达自己的感受,表达自己的观点,有解决问题的方法与策略,有主见,有科学求证的精神。	**有思路** 热爱生活,能对日常常见问题提出"为什么",并能尝试去探究问题的答案。学习积极主动,能独立思考,对问题有自己独特的看法与见解。养成思考问题正确的思路,能够形成自我判断能力。

随着课程工作的逐渐深入,我们努力将基础型、拓展型、探究型三类课程系列化、特色化和校本化实施,以构建"精致灵动"的"小精灵之旅"校本系列课程。"小精灵之旅"校本课程的课程目标为"科学精致、自然灵动、情智共生",即我们关注孩子的 IQ(智商)、EQ(情商)和 SQ(灵商)的共赢共生。

(三)课程地图

秉承葡萄的城镇文化,在马陆小学校园内各色葡萄伸展蔓枝,葡萄架上馥郁芬芳,葡萄架下笑声满园。在葡萄中蕴涵的特质——清新优雅、团结共进、多元丰富、延伸进取，也是一个优秀的社会人应该具备的良好素养。葡萄生长的特点启迪我们建设课程也应遵循"多元、延伸、合作、均衡"的特点，让每一个精灵幸福成长。多元——文化多元，众多课程犹如一串串葡萄的一个个知识链；延伸——知识的延展与深入，犹如葡萄藤枝生长；合作——团队合作学习，如颗颗葡萄相互依存；均衡——关爱呵护每一个孩子，如葡萄颗粒均匀、共同成熟。

建构完成的"小精灵之旅"课程形成了"Sky"（飞行）、"Earth"（徒步）、"Sea"（游学）三大板块全方位课程地图。如表3-2所示：

表3-2 "小精灵之旅"课程内容

板块名称	课程分类	课程特点	课程目标
"Sky"飞行之旅	个性化自选课程	以学习、探究为主	挖掘学生潜力与展现才能
"Earth"徒步之旅	普及化必修课程	以习惯、方法为主	培养良好生活习惯和高雅情趣
"Sea"游学之旅	体验化特色课程	以活动、体验为主	培养对社会思考及自我审视

一是"Sky 飞行之旅"。这是个性化社团课程，以艺术、运动、探究为主；挖掘学生自身的潜力与才能，展现自我，表达自信。

二是"Earth 徒步之旅"。这是普及化的校本课程《小精灵成长之旅》，内容与生活相关，让学生了解生活、懂得生活、热爱生活，培养良好的生活习惯和高雅情趣。《小精灵成长之旅》的课程设置呈系统性，从一年级贯穿到五年级，分为：动手能力培养的《陆陆的巧手美家》、阅读能力培养的《陆陆的冰心世界》、文明礼仪与旅行、人文的《拉着旅行箱，陆陆去远方》、海派文化探索的《陆陆的海派生活》、本土文化葡萄与自然探究的《陆陆的"格雷普"庄园》。

三是"Sea 游学之旅"。这是众多的游学型学习项目，如"嘉定图书馆"、"汽车博物馆"等课程让孩子们走出课堂、走出教室、走出学校、走出家庭。课程让孩子们接触外界，在"游"与"学"的碰撞中，培养孩子对于社会的思考以及自我的审视、正确的价值观、激发自我发展的远大志向。

从课程地图可以呈现"小精灵之旅"课程的全貌，站在"个性化、普及化、体验化"三个版块设立内容的"小精灵之旅"课程规避了很多课程碎片化的现状,实现了类课程的蜕变,站在更加贴近学生生活的实际而设置的课程,也更能服务于学生成长的各种需求。

(四)课程计划

我们努力实现科学精致、自然灵动、情智共生的课程建设目标,设置分年级段课程,如表3-3所示:

表3-3 小精灵课程总表

课程\年级	"童之言"课程	"思之慧"课程	"雅之艺"课程	"动之魅"课程	"研之趣"课程	"德之馨"课程
一年级	我绘悦读 精灵绘本馆 走进迪士尼 图书馆曼妙之旅 漫游图书馆	绘读童心 表演游戏 看图编故事 悦读阅智慧 精灵爱创编1	签变万化 阿拉沪语 趣味手指画 围棋入门1 美丽画框 种子乐园1	跆拳小精灵1 定向越野1 疯狂粘土 装扮文具盒 多样剪纸 完美折纸	变废为宝 一粒种子 豆豆世界 道具DIY1	精灵争章1 幸福之旅(习惯篇1) 幸福之旅(有礼仪) 陆陆的书包1 妙理课桌
二年级	风雅少年颂 绘读童心 书籍王国 图书馆奇遇记 阅赏迪士尼	美绘雅读 精灵爱创编2 成语故事会 谁是创意王 图书管理我乐学 绘雅悦读	自创童绘 阿拉沪语 围棋入门2 吟诗唱曲 纸上才艺 美丽画框 种子乐园2	跆拳小精灵2 跃动精灵 定向越野2 纸偶立方 巧手叠衣 剪纸艺术	一株萌肉 道具DIY2 陆陆的泰迪熊 晶灵美饰	精灵争章2 幸福之旅(习惯篇2) 幸福之旅(话团结) 洗洗刷刷 陆陆的书包2
三年级	中国园林 有趣的文明礼仪 世界地理/风光/音乐 世界文化与美食	中国风土人情与美食 理财小能手1 话民俗 乐高世界1 欢乐谷	童心画苑1 律动沪苑1 舞比快乐1 唱响童心1 园艺与美学 黑竹墨影1 奥斯卡经典歌曲	跃动精灵2 热力排球1 走进迪士尼 玩转浦东迪士尼 结艺雅轩 上海弄堂——风韵	道具DIY3 机器人创客1 蓝E精灵1 巧分垃圾	幸福之旅(习惯篇3) 幸福之旅(讲诚信) 传民俗 洁净小屋

课程 年级	"童之言" 课程	"思之慧" 课程	"雅之艺" 课程	"动之魅" 课程	"研之趣" 课程	"德之馨" 课程
四年级	建筑艺术 精灵文学 走进奥斯卡 动漫片段欣赏	海之景—论城市文明 理财小能手2 乐高世界2 空中花园	童心画苑2 黑竹墨影2 舞比快乐2 律动沪苑2 唱响童心2 海之韵 "音乐之声" 欣赏	跃动精灵3 热力排球2 萌肉微景观 上海弄堂—游戏	机器人创客2 蓝E精灵2 神奇的葡萄籽 走进格雷普庄园 我的园艺美学	幸福之旅(习惯篇4) 幸福之旅(思进取) 爱厨房:海派美食 扮美教室1 书架整理1
五年级	马陆印象 葡萄产业与文化 世界葡萄酒 奥斯卡动画中的英语	埃及文明 理财小能手3 葡萄主题小报 乐高世界3 灵气小作家	童心画苑3 舞比快乐3 骏马沪剧 唱响童心3 实用版画 黑竹墨影3 原声音乐欣赏	跃动精灵4 热力排球3 漫游丝语 创皂生活	机器人创客3 四季田园 根藤叶果 葡萄价值与健康 葡萄种植环境	幸福之旅(习惯篇5) 幸福之旅(要自信) 葡萄糕点制作 扮美教室2 书架整理2

　　我们关注课程资源的创建,以各种有效途径推进"小精灵教育"特色形成,以助力"小精灵之旅"校本课程的构建与实施。让课程文化成为小精灵教育的土壤,让体验活动成为小精灵教育的载体,让对话课堂成为小精灵教育的平台,让校本特色成为小精灵教育的渠道,让绿色评价成为小精灵教育的基地,让幸福师生成为小精灵教育的源泉。

(五) 课程体系

　　在课程变革的实施过程中,凸显课程的价值引领,发挥课程教育的领导力,不仅需要重视发掘师生的教育与学习之灵气,也应提升教师的校本研修能力,让所有教师都明确课程理念和操作要领,鼓励教师们积极参与和大胆实践,从而在实践中逐步逼近课程核心、增强课程开发能力,保证课程开发与实施的顺利进行。

我们建立不一样的研发团队——"童心行动"课程研发小组，开展不一样的研发方式，循行不一样的研发足迹，做到"顶层架构""组团合作"、"纵向推广"，逐渐形成课程"568"体系。如表3-4所示：

1."5"——五色风马主题探究

表3-4　五色风马主题探究

系列名称	关键要素	课程特点	课程目标
红色风马	经典	以体验革命、弘扬经典为主	弘扬传统，学习优秀文化
紫色风马	艺术	以学习艺术、鉴赏艺术为主	鉴赏艺术，涵养高雅气质
蓝色风马	科技	以了解科技、探究艺术为主	了解科技，发展创新思维
橙色风马	活力	以体育活动、拓展练习为主	强身健体，激发生命活力
绿色风马	生态	以了解生态，研究环保为主	了解生态，强化环保意识

"五色风马主题探究周"在四年级开始启动，为每个学生开设一周集中学习参与的主题探究活动，力求培养学生综合能力，在一周课程中分为5个学习日，以一天为单位进行一个主题的课程学习：有以体验经典，弘扬传统优秀文化为主题的红色风马；以学习艺术，涵养高雅气质为主题的紫色风马；以科技探究，发展创新思维为主题的蓝色风马；以体育拓展，激发生命活力为主题的橙色风马；以了解生态，研究环保实验为主题的绿色风马等。

例如在"蓝色科技"体验活动中，以目的地想象项目(DI)为抓手，关注学生创新思维能力培养，以创意问题解决和团队合作为主，培养学生的科技素养，同时，部分教师即可安排主题培训。

2."6"——六"之"课程素养培育

三大版块课程又由不同学科细分六大类，分别是"语言与文学"的"童之言"课程、"逻辑与思维"的"思之慧"课程、"艺术与审美"的"雅之乐"课程、"健康与运动"的"动之魅"课程、"科技与探索"的"研之趣"课程、"社会与道德"的"德之馨"课程。课程的结构框架如表3-5所示：

表 3 - 5　六"之"课程素养培育

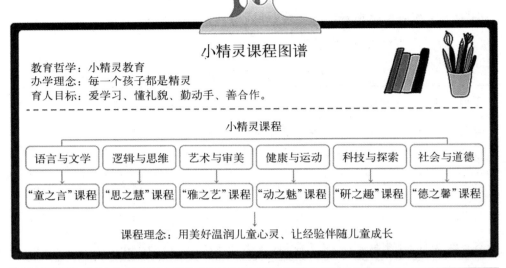

小精灵课程图谱

教育哲学：小精灵教育
办学理念：每一个孩子都是精灵
育人目标：爱学习、懂礼貌、勤动手、善合作。

小精灵课程

| 语言与文学 | 逻辑与思维 | 艺术与审美 | 健康与运动 | 科技与探索 | 社会与道德 |

| "童之言"课程 | "思之慧"课程 | "雅之艺"课程 | "动之魅"课程 | "研之趣"课程 | "德之馨"课程 |

课程理念：用美好温润儿童心灵、让经验伴随儿童成长

课程名称	涉及领域	涵　盖　内　容
童之言	语言与文学	绘本阅读、诗词鉴赏、名著阅读、风雅朗颂等
思之慧	逻辑与思维	数学思维、理财课程、游戏课程、空间几何等
雅之艺	艺术与审美	半亩书画、精灵戏剧、骏马合唱、棋类课程等
动之魅	健康与运动	运动健身类课程、动手类课程、装饰类课程等
研之趣	科技与探索	葡萄探究、环境研究、生物科技、设计实践等
德之馨	社会与道德	习礼雅舍、精灵家政、幸福课程、德育特色课程等

3. "8"——八个精灵 TOWN 特色

"小精灵之旅"实施营地——"精灵小镇"，由 8 个小木屋组成一个课程童话世界，学生们在其中学习竹编工艺、习礼雅舍、布言布语、小小木工、我爱厨房、创智天地、"小小"出版社等课程，在情境学习中铸就童年梦想。

(六) 课程评价

在《上海市教育委员会关于小学阶段实施基于课程标准的教学与评价工作的意见》指导下，我们明确对学生的学习评价应以课程目标为依据，使过程评价与结果评价、定性评价与定量评价、主观评价与客观评价紧密结合，从基础知识和基本技能的掌

握、语言实践活动的参与、兴趣、态度和习惯的养成三个维度全面地对学生进行评价。

　　"小精灵之旅"课程评价体系要求各学科教师对学生的学习评价,应以日常性评价为主,对学生在学习活动中所表现的学科专项能力和综合学习能力,以及学习态度、习惯、方法等,教师应随时记录,及时发现学生的兴趣点、障碍点、发展点;应多作纵向比较,少作横向比较,让学生通过自我比较,感受进步,体验成功,增强学习的自信心;应让学生和家长参与评价(包括学生的互评和自评),以全面、客观地评价学生的学习情况,以充分发挥评价的导向功能。

　　1. 创新等第制评价。各学科必须结合学科课程标准的修订,完善学科评价标准,以等第制和评语相结合的方式围绕"知识技能"、"综合实践"和"兴趣习惯"三个维度开展基于课堂的真实性评价,提出"三四三"的特色评价,创新等第制评价方式。

　　评价方式"三结合":评价中有家长评价、教师评价、学生自评相结合,家校合力,达成共识。

　　"四小骏马"在行动:基于课程标准,将评价内容设计为"礼仪小骏马"、"爱心小骏马"、"好习惯小骏马"、"智慧小骏马",每个目标都有具体的评价标准和细则。

　　评价等第"三结合":以紫悠(优)、绿盛(胜)、橙景(进)作为评价等第,以有颜色的符号让评价显得更温馨和直观。在等第评价中保护学生自信心,激发学生兴趣,让学生有"跳一跳,可以摘到桃"的进步愿望,并且以"长辈寄语"、"小骏马一句话感言"、"我的学习收获"等互动语言来交流和分享阶段学习成效。

　　2.《小精灵 PASSPORT》评价。我们注重对探究、拓展型课程中学生参与意识、体验态度、活动收获等方面的评价,凸显"体验性"评价。例如:趣味评价手册——小精

图 3 - 1　小精灵 PASSPORT

灵 PASSPORT。

　　小精灵 PASSPORT——是"小精灵之旅"总课程群的"站点量价式"评价;建立课程模块的"网上选课 APP";设计合理的"小精灵旅行 PASSPORT"记录学生的学习旅程;策划有效"旅行签证章"的获得方式等趣味化评价体系。

第三节　学校课程的立意和归旨

　　"小精灵之旅"课程研发工作是学校课程的一项重大工程。基于这样一项充满趣味的科研工程,通过实践研究不断推进课程研发,从最初建立的 30 多人"童心行动"研发团队发展为 50 多人的"趣课程"项目组,后又加入了"家长助教",不仅让各有所长的家长也参与课程的开发、参与管理、协助教学,也让"趣课程"项目团队的力量更加雄厚,让研发工作充满乐趣。在课程实施中,确立"组团实施"机制,双师合动、全员参与、组团实施。不仅如此,我们也申报了区级课题研究——《以"触点式"课程变革,推进"小精灵之旅"特色课程群建设的实践研究》,用课题研究的方式从一定的高度去落实与实施学校特色课程群的研究与建设工作。

　　我们一直在思考,"小精灵之旅"课程应该具有一个怎样的特质来吸引学生参与并引领学生的学习? 我们用两个关键词——"趣"和"萌"来形容"小精灵之旅"课程的灵魂所在:立足学生学习需求,站在儿童的角度,我们设置有趣的课程地图,让学生在一次次愉快有趣的学习之旅中收获与成长;我们把"萌"作为课程设计与研发的触发器,实施课程的架构、开发、实施,让课程成为陪伴儿童成长的朋友,其以一个"可爱"、"生动"、"活泼"、"善良"、"智慧"等惹人亲近的"萌"课形象,让学生能接受、喜爱,产生强烈的兴趣。

一、趣:"小精灵之旅"之形

　　构建课程框架,搭建课程之初"形",立体展现课程结构图。我们不仅从小学五年学习生活出发,总体布局,进行课程的设计;也以学生的认知科学铺设,架构课程的纵横交叉,向深度发展。课程设置系统性地从一年级贯穿到五年级,根据儿童的年龄特点与认知规律,依次是一年级关于动手能力培养的《陆陆的巧手美家》、二年级关于阅读能力培养的《陆陆的冰心世界》、三年级关于文明礼仪与旅行、人文的《拉着旅行箱,陆陆去远方》、四年级关于海派文化探索的《陆陆的海派生活》、五年级关于本土文化葡萄与自然探究的《陆陆的"格雷普"庄园》。围绕各年级课程内容主题,设计符合主题的丰富、趣味的分类别学习模块。

"小精灵之旅"课程取景校园、家庭、社区、社会等场所,内容选择从生活出发,从本土文化出发,积极、有趣、向上的情感呈现,强烈地体现童年的生活气息。我们考虑,不仅能通过课程培养学生的生活能力和学习能力,开拓视野、启发思维,更具特色的是,课程巧妙地运用生动形象的马陆小学的吉祥物与代言人"陆陆"的成长过程为主线,故事性地记录陆陆从小学一年级到五年级的成长片段,从而影射马小孩子们五年的成长,对于培养学生良好的个性、对社会的认识、如何与人为善等等起到潜移默化的正面影响作用。这是一本适合家庭阅读、学校学习、孩子自学的绘本,小陆陆的穿插让教材增添了美好与温暖。课程在教育中起到决定性的作用。我们意图用学习的"趣过程"来养成学生的"志趣":一个接触过众多学习项目、见识过众多社会现象、体验过众多生活情境的孩子,一定也会成为一个在学识上广博、在个性上活跃、在气度上宽厚、在心境上开阔的身心健康、充满阳光的人。

(一)"个性化课程"让儿童获得满足

"个性化课程"主要体现在"雅之艺"、"动之魅"、"研之趣"这三大类,有排球、跆拳道、田径越野等运动课程;有数码钢琴、围棋、象棋等琴棋类课程;有书法、国画、绘本制作等书画类课程;有合唱、舞蹈、打击乐等音乐类课程;有沪剧、儿童剧、主持人等表演课程;有机器人、乐高等阶梯式思维课程;有葡萄探究、目的地想象创客营等自然学科探究课程等。个性化的课程挖掘学生的潜力与才能,展现自我,获得成功感与满足感、表达自信。

(二)"普及化课程"激发儿童参与

"普及化课程"的学习围绕学生生活、成长而设。让学校、社会、家庭三大区域生活形成牢固的三角支撑,打造学生作为一个自然人、社会人所需的幸福成长课程环境。

在系列化的课程学习中,运用"站点式"进行课程的学习,让学生在一个一个的站点学习体验中通过"学习签证章"而获得下一个个站点的学习资格。站点式的学习版块循序渐进地从低年级向高年级延伸开来,不仅促进学习动力,也开拓了学生的学习视野。

站点1：从低年级的空间整理、家庭种植、阅读与绘本、表达与交流……

站点2：到中年级的世界地理与风光、旅行与文明、走进奥斯卡,黄浦江上的海之景、海之韵、海之乐、海之味……

站点3：到高年级的葡萄生长探究、葡萄产业与文化、葡萄科技与实践……

"小精灵之旅"课程学习之旅全程共24个站点学习,包罗万象的学习内容与生活相关,让学生了解生活、懂得生活、热爱生活,培养良好的生活习惯和高雅情趣。

(三)"游学类课程"建立儿童的情智

丰富趣味的"游学类课程"让"小精灵之旅"的课程更加丰满,站点学习结束的最后一堂课,两个平行班合作进行作品展、阅读展、一次户外学习活动等有意义的活动。体验化的活动也安排了众多的学习项目,让孩子们走出课堂,走出教室、走出学校、走出家庭。

"游学类课程"启动了多种多样的家校联动课：我会叠衣服、整理与归纳、我家的小窗台；图书馆课程：图书馆漫游记、漫步书城；舞台剧课程：我会讲故事、舞台剧表演；文明旅行课程：陆陆的迪士尼乐园、户外徒步、搭地铁看上海、走进大剧院、嘉定图书馆、汽车博物馆；科技探索课程：马陆印象与马陆的葡萄园、探索格雷普庄园等。这些课程让孩子们有了更多的机会去接触外界,在不同于学校与家庭的学习情境中,收获知识的同时也见识了更多的社会、生活、科技、现象。

二、萌："小精灵之旅"之态

站在儿童化的角度,我们意图让课程充满"童味","萌"生可爱、"萌"生兴趣、"萌"生动力、"萌"生创意、"萌"生快乐、"萌"生思考。"萌化"课程,不仅让有趣的课程走入学生生活,更在于通过丰富的课程内容让学生接触不同的学科世界,提高学生的生活情趣,更重要的是,在"萌"课中能更多的产生学习积极性与主动性,让学生产生积极的思维力,启迪思维,增长思辨,启思维之"萌"。

（一）课程内容之"萌"

"小精灵之旅"课程内容可爱、生动,站在儿童立场思考。学习的模块涉及"动手能力"、"阅读习惯"、"开阔视野的人文地理"、"民族海派文化"、"自然世界探究"等众多儿童化认知内容,如"陆陆的泰迪熊"、"整理与收纳"、"我的有机生活"、"搭地铁游上海"等学习内容,都站在孩子的角度新奇地展现,让学生犹如步入一次次奇妙的旅行,这些立足学生兴趣、引领学生成长、提高学生生活情趣的具有很强的时代气息以及生活知识性的学习,给课程注入了一定的磁场,吸引着学生的参与。

在每一模块内容呈现之前,"陆陆的成长故事阅读"的加入让课程产生了"戏剧化"的奇妙效果,可爱的"小陆陆"无疑增加了课程的"萌",让学生可以在"小陆陆的成长故事"戏剧表演中,感受生活、领悟生活、懂得做人。

（二）课程形象之"萌"

《小精灵之旅》课程内容将以绘本形式呈现,避免枯燥,以大量的插画形式展现课程内容,让视觉效果更加鲜亮,能通过大量插画伴以文字介绍的方式生动地表现课程内容,让教材在形态、色彩、质感、立体感、动感及空间关系上符合视觉规律,易于学生产生学习兴趣,并真切感受与理解学习要点。

卡通形象"陆陆"是马陆小学的吉祥"萌"物,他是一匹小马精灵,具有聪明、善良、勇敢等特质,他让《小精灵之旅》的课程形象更深入孩子的内心,让孩子们把他当成学习的偶像。

（三）课程版块之"萌"

课程从孩子入学一年级开始一直到五年级小学生涯的结束,伴随孩子从幼儿时期过渡到少年时期,这个时期也是童年的黄金时期。从年龄的跨域、认知的发展、学生的成长等各因素考虑,设计为五大各不相同的模块,这五大版块涉及儿童的各种生活领域。我们把"萌"小孩"陆陆"导演成课程的男一号,以课程内容与"陆陆的童年故事"为剧本素材,分割成五个"季",编导出亲切、童趣的课程,其依据版块内容主题依次有着具有让人产生无限遐想的可爱名字:《陆陆的巧手美家》、《陆陆的冰心世界》、《拉着旅行箱,陆陆去远方》、《陆陆的海派生活》和《陆陆的"格雷普"庄园》。

(四) 课程形式之"萌"

"小精灵之旅"其取名用意即体现这是一个学习与成长的"旅行"。旅行式的课程开展,旅站式的课程学习站点,走班获得"学习之旅"的"旅行签证"的方式,让课程的开展形式充满"萌"味。这种富有童趣的学习更容易让人接受并产生学习热情。何为"萌"?"萌"即"小",一个个小小的"学习旅站"汇合成一个个主题鲜明的"学习模块",其内容涉及面广,小而精练,易于学习;"萌"即可爱,没有人会拒绝可爱的事物,旅站式的学习如一次愉快的迪士尼之旅,让人"萌"生快乐亦有所获得;"萌"即童心,让学生在活动中如参与一次次新奇的儿童游戏获得成功的满足,保持一颗童心,就保持了一份对生活的热爱,助推对世事的达观,对人生的理解。

(五) 课程管理之"萌"

如何让学生成为课程管理的"间接主人"是我们在课程管理中大胆提出的管理策略。在课程管理中,课程模块的管理者是课程管理的"直接主人",在"直接"课程管理的教师下设"学生管理",大胆给出一定的职能范围,给予学生一定的管理权力。如"精灵国签证官"是负责模块学习之后的评价管理,"精灵站长"是模块站点自主报名的管理员,这些学生工作岗位的设置由一个学生管理部门"小精灵领事馆"招聘落实,体现出一个富有童话色彩的"精灵国"学生自主管理的方式,让人"萌"生学习动力;此项管理举措不仅在意于培养学生的自我管理能力,更侧重于调动学生的主动学习机能。

愿富有童趣、丰富、基础、成长等特点的"小精灵之旅"课程在学生心中催生美好,去发现美、体验美、成就美,成为一个个乐观、积极而有生活情趣的人。

第四节　立体而有深度的课程实施

建立良好的课程管理模式,犹如给齿轮添加了合适的润滑剂,是课程有效实施的保障。其不仅在于管理机制的科学、管理岗位的合理、职能范围的平衡,都要标准定"位"、合法施"权",落实到细微之处。

一、小精灵之旅：行走学习的力量

在"走班"学习的问题上，课程组老师们抛出了很多疑问，固然学生的"走"还是教师的"走"都不是很大的问题，但是在课程如何"走"出一条令学生喜爱的道路才是作为课程建设和管理者们要思考的。如此，不仅是课程质量，在课程的实施管理上也给了我们很多挑战。

我们进行课表的合理设计，由课程教学部召集五位"版主"一起科学安排，制定学生可以自由选课的"小精灵之旅"的旅行课表，每个班级旅行为期8周，8周后再行选课报班。

小精灵之旅课程原先是5册教材，分别是《陆陆的巧手美家》、《陆陆的冰心世界》、《拉着旅行箱，陆陆去远方》、《陆陆的海派生活》、《陆陆的"格雷普"庄园》。在此基础上，我们后来又加入了种植类课程《陆陆的精灵花园》，每册教材分为四个版块，各个主题版块分设若干内容，共有8周课程。这些课程可以是短小课程的打包，也可以是有延续性的课程。如表3-6所示：

表3-6　"小精灵之旅"课程的年级分布表

课程名称	内容与目标	课程版块	年级分布
陆陆的巧手美家	动手类，培养动手能力、生活自理能力、装扮家庭与班级、培养主人翁精神	家庭百宝箱	一年级
		空间整理	三年级
		快乐DIY	二年级
		我的有机生活	五年级
陆陆的冰心世界	阅读类，培养阅读能力、阅读兴趣，打下文学基础	风之谷的图书馆	一年级
		心中的小桔灯	二年级
		时钟之舞	三年级
		小精灵金奖剧场	四年级
拉着旅行箱，陆陆去远方	旅行与人文类、学习旅行文明礼仪、风土人情、英语口语、培养开放性视野与世界观	旅行与文明同行	三年级
		地理、风光、建筑、园艺	四年级
		陆陆的迪士尼乐园	一年级
		走进奥斯卡	五年级

课程名称	内容与目标	课程版块	年级分布
陆陆的海派生活	文化传承类,培养学生对本土文化的热爱,了解海派文化、学做新上海人	海之景	一年级
		海之韵	四年级
		海之乐	二年级
		海之味	五年级
陆陆的"格雷普"庄园	本土产业与葡萄文化探究,培养学生探究自然的能力,并了解与喜爱本土文化	葡萄生长探究	三年级
		葡萄产品与产业文化	四年级
		葡萄科技与实践	五年级
		四季葡萄园写意	二年级
陆陆的精灵花园	种植类,学习种植、管理菜园和花园、了解植物生长、昆虫与植物等,培养学生了解植物学、昆虫学初步知识的兴趣与探究能力	我的菜园笔记1、2	一、二年级
		草本植物生长记	三年级
		玫瑰、玫瑰	四年级
		家庭插花与阳台种植	五年级

我们之所以建立课程的模块管理,是因为"小精灵之旅"课程是由多个相关联的长短课程打包而分设不同的学习模块。首先,从教师方面着手,由课程模块管理"站长"带领,与开发成员相互协助分工,以年级为单位,分模块为任课教师做"课程教学内训"。审视"小精灵之旅"教学内容,其与"舞蹈"、"合唱"、"排球"等课程的区别是没有很强的专业性,内容的"生活化"倾向使得课程的难度是教师能够驾驭的,因此,解决了"专业教师"的局限性,让课程教学变得平易近人,让各模块组完成对任课老师的培训,做到人人都可以教的模块管理模式。

1. 学生走班选课。每个年级共5个版块主题,8周为一个主题,一个学期有两次选择,一学年就有4次选课,就是5选4。如表3-7所示:

表3-7　学生选课表

课程名称	内容与目标	一年级	二年级	三年级	四年级	五年级
陆陆的巧手美家	动手类,培养动手能力、生活自理能力、装扮家庭与班级、培养主人翁精神	家庭百宝箱	快乐DIY	空间整理		我的有机生活

课程名称	内容与目标	一年级	二年级	三年级	四年级	五年级
陆陆的冰心世界	阅读类,培养阅读能力、阅读兴趣,打下文学基础	风之谷的图书馆	心中的小桔灯	时钟之舞	小精灵金奖剧场	
拉着旅行箱,陆陆去远方	旅行与人文类,学习旅行文明礼仪、风土人情、英语口语、培养开放性视野与世界观	陆陆的迪士尼乐园		旅行与文明同行	地理、风光、建筑、园艺	走 进 奥斯卡
陆陆的海派生活	文化传承类,培养学生对本土文化的热爱,了解海派文化,学做新上海人	海之景	海之乐		海之韵	海之味
陆陆的"格雷普"庄园	本土产业与葡萄文化探究,培养学生探究自然的能力,并了解与喜爱本土文化		四季葡萄园写意	葡萄生长探究	葡萄产品与产业文化	葡萄科技与实践
陆陆的精灵花园	种植类,学习种植、管理菜园和花园、了解植物生长、昆虫与植物等,培养学生了解植物学、昆虫学初步知识的兴趣与探究能力	我的菜园笔记1	我的菜园笔记2	草本植物生长记	玫瑰、玫瑰	家庭插花与阳台种植

2. 班级安排与上课地点。5个版块,各版块分设2个平行班,一共10个班级。如表3-8所示:

表3-8　班级课程安排

课程名称	内容与目标	三年级	任课教师	上课地点
陆陆的巧手美家	动手类,培养动手能力、生活自理能力、装扮家庭与班级、培养主人翁精神	空间整理1		三1班
		空间整理2		三2班
陆陆的冰心世界	阅读类,培养阅读能力、阅读兴趣,打下文学基础	时钟之舞1		三3班
		时钟之舞2		三4班

课程名称	内容与目标	三年级	任课教师	上课地点
拉着旅行箱，陆陆去远方	旅行与人文类、学习旅行文明礼仪、风土人情、英语口语、培养开放性视野与世界观	旅行与文明同行1		三5班
		旅行与文明同行2		三6班
陆陆的海派生活	文化传承类，培养学生对本土文化的热爱、了解海派文化、学做新上海人	无		
陆陆的"格雷普"庄园	本土产业与葡萄文化探究，培养学生探究自然的能力，并了解与喜爱本土文化	葡萄生长探究1		三7班
		葡萄生长探究2		三8班
陆陆的精灵花园	种植类，学习种植、管理菜园和花园、了解植物生长、昆虫与植物等，培养学生了解植物学、昆虫学初步知识的兴趣与探究能力	草本植物生长记1		三9班
		草本植物生长记2		三10班

（备注：2个平行班的内容是相同的，即学生选课同版块1班和2班无区别。）

3. 教师选课与工作组。教师可以选择自己任课的版块，根据自己课表上的课时数可以判断合作方式，一种是课表上呈现1节兴趣课的则是2位老师搭档上一个班级，搭档的老师可以自己商量调配上课的时间，比如这周A老师上，下周B老师上等；另一种是课表上呈现2节兴趣课，那就是一人包班。而平行班的所有任课教师形成一个工作组，一般由4人组成，少数是3人一组。8周16节课的内容可以分工合作商量上课内容、完成教案、课件制作等。

4. 上课周期。选择了课程的老师，8周会换一批学生，一个学期会有两批不同的学生，一学年是4批，所以老师在一年中会轮动4次，这样在一年中4次同样的教学中不断提高教学设计和实现校本课件的优化。

5. 学生活动。在站点学习结束的最后一堂课，两个平行班合作进行有意义的活动。具体有：作品展、阅读展或者一起来一次户外学习活动。

6. 家长助教。一个课程学习周期中安排一次"家长助教"活动,让家长助教参与帮助教师的教学、学生的学习,观察上课中学生的学情,组织纪律并拍照留下教学中的美丽瞬间等。

7. 精灵护照。为了课程开展的趣味化以及及时的课程评价、总结,特别设计独特的"旅站式"课程评价方式,就是"小精灵 PASSPORT"。这个护照也同时记录了学生丰富的课程学习,阶梯式从 1—5 年级,一共有 5 本,教师有权限在课堂中运用"葡萄"贴纸进行及时的评价。在一个站点结束之后,可以获得"站点签证章"来通过本站学习,并谋划开始下一站点的学习。

二、小精灵广场:场馆学习的魅力

学校作为一个特定的学习场所固然成为个人知识获得的主要场地,而这个学习场毕竟只占领个人认知成长的一个区域,因此,在一个人的成长过程中,我们如何利用身边的其他环境来开展学习成为"小精灵之旅"课程设计的思考之一。我们通过利用身边的学习场馆来达到更多的浸润式体验与学习,由此,有很多场馆学习的课程也逐步得以开发。

2017 年,学校在四年级启动了"五色风马探究体验周"课程项目。项目作为我们的小精灵之旅课程的一个附属产品进行实施,以本校基地场馆学习为主,如图书馆、茶艺馆等不同于教室的学习场地,并辐射周边其他学校的特色学习场馆。改变学习的模式、突破学习的境域,让学生加强学习的体验、促进学习的感悟、打开学习思维以及触动接触新鲜事物的敏锐度。呈现出一周、一天、一主题、一活动的实施模式。

一周:课程学习模式是一周集中进行。以年级为单位,每一学期用一周的时间来学习"五色风马探究体验周"全部课程。这个一周是全部停课来学习课程,那么时间哪里来,是把整个学期的探究课时间集中起来利用了,这也符合上海市中小学课程规划纲要的"可以集中化学习"的方针。

一天、一主题:在一周课程中分为 5 个一天,以一天为单位进行某个学习场馆的课程学习,例如:周一课程是"家政类":当家小电工、乐扣乐扣、我爱厨房、习礼茶舍;周二课程是"文学与艺术类":HUI 阅读、棋品人生、参观艺术人文馆和交通馆;周三课程是"创意与科技类":帆布包制作、乐高机器人、参观无线电馆;周四课程是"健康类"：健康护理、牙科知识；周五课程是"文明礼仪类"：礼仪培训、参观生态馆。

一活动：每一天的课程，以设计若干个活动来开展，让学生在活动中学习知识与技能，拓展思维，并培养团队合作精神。

当家小电工：为男生准备的课程，学习电的起源、做做发电小实验，倡导节约用电和安全用电。

乐扣乐扣：为女生准备的课程，学习缝扣子、用针线制作纽扣拼图。

我爱厨房：让你爱上厨房的课程，学学做香喷喷的米饭、做蛋炒饭。

习礼茶舍：第一次接触茶文化的课程，学习认识茶的种类，泡泡茶享受茶的幽香、学习茶的礼仪。

HUI阅读：走进历史地理、漫步文学的课程，让阅读地图带给你不一样的阅读体验，不仅了解历史地理，也了解历史上的文豪们。

棋品人生：走进楚河汉界的棋类课程，从象棋的起源、象棋的历史发展、象棋活动、基本走法等了解棋艺世界。

帆布包：在帆布包上动手描绘美丽图案的课程，在五彩的世界中感受人与自然的相处之美，环保主题让你懂得生活之美无处不在。

机器人：乐高课程中的机器人世界，学习乐高机器人的基础知识、操作基础的拼搭、懂得物理原理、激发科技创新意识。

健康护理：学会保护自己的健康课程，学习急救知识、动手包扎、安全意识。

礼仪培训：近距离学习文明礼仪的课程，学习文明旅游、文明交往、问候语、语态文明等。

趣味讲座：牙科知识、银行存款理财等。

短途游学：艺术人文馆、交通馆、无线电馆、陶艺文化馆、生态馆……

三、小精灵小镇：创客学习的魅影

小精灵TOWN——这里就是我们的"精灵小镇"，在学校南边的小河边，一条林荫大道错落掩映着8个小木屋，设置了8个课程学习环境。

为了更生动、有效、趣味地展现课程内容所在的学习环境，学校在"小精灵之旅"系列课程中，精选当今社会所需对于提高新时代儿童各方面素养的N个典型课程，并为

了更有效地实施课程,让课程服务儿童的成长,设计如下几个课程学习环境,分别是:

A. 家政乐家中心:包括女孩课程和男孩课程,女孩课程内容涉及家政类课程,包含布艺、缝扣子、家庭整理与归纳等;男孩课程则涉及家庭常用电器知识的学习、变废为宝、家庭环保、创意制作等。

B. 格雷普庄园市场:包括葡萄探究课程及延伸出的葡萄庄园产品的认识、产品的流通与交易、资金管理等买方与卖方平台的课程学习。

C. E创客空间站:提倡学生无束缚的创新实验体验,让学生接受 3D 打印等以DIY 为特色的创客教育,涵盖电子、材料、结构、程序、科学探究等多个门类的教育体系。

D. 创智天地:以合作课程为主,课程内容包含:陆陆的乐高世界、七巧板等,让学生以合作形式共同来完成乐高玩具的组装,培养学生的集体意识、合作能力、团队能力等。

E. 爱厨艺:开展烘焙体验课、面点制作课等厨艺课程,让学生合作进行学习制作美味佳肴,培养学生对生活的热爱和勤劳的品质。

F. 小精灵 Passport:从各国文化、地理、语言、旅游等入手,让学生从中学习更多的英语词汇,并创设一定的情景,让学生在一定的环境体验中进行英文口语交流训练等。

G. Money Talk(理财中心):以理财启蒙课程为主,从学生的零花钱管理、购买性价比、理智消费、了解市场、了解成本与利润等方面,基础性地教会学生从小学会打理金钱和提高自己的理财能力。

H. 陆陆习礼社:创设一定的情景模拟,让学生身临其境地从中学习必要的文明礼仪,其中包含:语言沟通能力、交往、待人接物等,培养学生的文明素养。

I. 风之谷 Mini 剧场:以戏剧、表演、打击乐等训练为主的多功能训练场所,在以"戏剧表演"为主的各种艺术课程中锻炼孩子的表演能力、表达能力等。

J. 精灵 TOMN 记者站:以记者的身份体验校园新闻以及家庭、社会新闻的捕捉能力,让学生在"小记者"的课程中,学习写作、观察、评论、辨析等能力。

K. 竹编工艺:学习基础的竹编技能,体验非遗竹编文化。

L. 制皂生活:学习制作香皂。

M. 结艺雅轩:中国结工艺制作。

N. **"小小"出版社**：小童话、美文中心、葡萄小报、小叶子生长笔记。

有人会问，8 个木屋，现在为什么有 14 个课程呢？是的，课程需要符合现实需求才真正能推以至学，假如课程不足以呈现自我的生命力，那么我们会给木屋摘牌并换上另外的课程。

四、小精灵舞台：展示学习的亢奋

每一年三月中旬，春暖花开，学校针对"幼小衔接"特别开展的"校园开放日"课程活动——"小精灵的春之约"如期举行，活动以"搭地铁旅行"的方式向对口幼儿园孩子和家长开放学校的特色课程体验。

在"迎宾环节"中，幼儿园家长与孩子陆续报到，由学生扮演的精灵小站长们亲切迎宾，致欢迎词，并指引来宾自主领取不同课程的"课程体验券"，进行旅行观摩介绍，简单介绍本次活动，指引活动地点和流程，并引导学弟学妹们以"搭地铁旅行式"开始各活动。课程组老师们为这次活动设置了五个活动路线：

1 号线——办学情况展示：校门口放置 8 个易拉宝展板，含学校介绍、校园环境、办学理念和培养目标、课程设置和课程特色各 1 个，师资水平、骨干、教研团队 2 个，办学特色、学生获奖和教科研成果及区域指引 1 个。

2 号线——校园探秘：根据"活动流程图"上的校园各环境照片，让幼儿在家长的协助下，找到学校的相关区域，以此来了解和体验学校的校园环境，初步了解小学的学习生活。

3 号线——课程微体验：幼儿在家长的协助下，根据自己在签到处所选的体验课程，进入相应的班级上课点，参与课程的学习，并与老师和上课的小学生一起参与课程互动，让家长和孩子了解学校的特色课程，也让孩子对小学学习产生兴趣。

4 号线——小精灵舞台：这是一台学生自导自演的节目，主题为小精灵的春之约，让家长与幼儿一起参与观看，感受作为一个马小学生在学校展示自己才能的快乐。

5 号线——现场咨询：设置咨询场所，让家长了解学校招生政策，并解答家长与学生的疑问。

在学校教育中，基础教育的扎实可以让人更快地获得各种知识，我们认为，一个鲜活生命的成长，更多应该思考人格的完善发展。生命的本质不仅是获得更多的知识以充实自我，一份良好的工作和收入抑或是人生追求的目标，而生活的意义却在于让我们的生命焕发更多的光彩。那么，一个热爱生活的人就是我们作为人类首先应该追求培养的，拥有善良的人格、健康的心灵、阳光的个性、处理问题的能力、与人交往的能力等是教育的本意。

丰富的课程为学生打开了人生成长的绚丽之窗，热爱教育的教师是学生成长路上真正的领路人。因而课程的开展是一件严肃而活泼的事情，简单来说，我们首先应当给予"快乐活动日"一个简单扼要的解读，那就是"快乐的学习与活动日"。那么，怎样的课程才是快乐的，那就是课程的愉悦性、丰富性、趣味性，不仅在内容上也在于学习的活动开展方式中，并通过一定的积淀形成校园文化特色。因此，做一名快乐的教师，用积极的心态去迎接自己的一份工作是何其重要。

目前，"小精灵之旅"课程工作运用"研发"和"实施"双足并行的策略，"趣课程"项目团队教师们运用自己的课余时间为学校课程制作了大量的 PPT 课件资料。

未来，"小精灵之旅"将继续向着美好一路走着，一路笑着！

第 四 章

灵智：让大脑自由灵活

有人说，教育是一种智慧，更是一种情怀。富有智慧、饱含激情的课堂教学总能唤起孩子的智慧，沁入儿童心灵，让学习真正发生。这种唤醒心灵的课堂教学，常常让孩子们情趣盎然，让孩子们智慧碰撞，让孩子们大脑变得自由而灵活。

学习是素养形成的重要路径。究竟什么样的学习有助于素养的形成？我们认为，只有完整的学习才能有效地促成学生核心素养的形成。学校应成为"学习共同体"，在教室中要实现灵动的、合作的、反思的学习。让课堂看得见完整的人，在不局限的教材里让思维自由滋长；要让学生积极运用经验，提升思维，自我反思，获得新知。一句话，让课堂灵动智慧，让大脑自由灵活，让学习真实发生。

第一节　让课堂看得见完整的人

教育是一种智慧，更是一种情怀。教育之道，道法自然，以情启智，以智促情，情智共生，知行合一。这与当下培养学生的核心素养一脉相承，要让学校教育饱满，让课堂看得见完整的人。学是教的出发点、落脚点，教学的重心在学而不在教，教学应该围绕学生的学来组织、设计和展开。

一般地说，完整的学习过程包括博学、审问、慎思、明辨、笃行等环节。所谓博学即广泛地学习，审问即详尽地提问，慎思即谨慎地思考，明辨即充分地分析与辨别，笃行即坚持不懈地付诸行动。"学问思辨行"其实是对完整学习过程的经典概括，强调学习是知行合一的整合过程。

杜威在相关的教学论中提出：好的教学必须能唤起儿童的思维。思维的过程具体分为五个步骤，通称"思维五步"。由"思维五步"出发，杜威认为，完整的教学过程也应该分成五个步骤，即"情境、问题、假设、推理、验证"，即"教学五步"。完整的学习过程是将经验过程、思维过程、探究过程、问题解决过程统一起来，学习者应该在课堂中启动情智、以情促智、发展情智，最终情智共生。如果我们的课堂中能够体现这些环节，那么这样的课堂就是饱满的，可以看得见完整的人。

一、情境——启动情智

杜威认为,第一阶段,应该创设与现实生活经验相联系的情境,与此同时给予一些暗示,使孩子有兴趣了解某个问题。因此作为教师,应该在课堂初始创设帮助学生开启美妙的学习之旅的教学情境,教师应以学习陪伴者的角色带领学生进入到特定的学习情境中,在课堂导入部分就激发学生带着发现问题、解决问题的意识,以饱满的精神去积极思考。情境,是打开学生问题意识、启动情智的起点。

以小学英语课为例,英语是现代社会学习科学文化知识、获取世界各方面信息和进行国际交往的重要工具。英语教学也正逐步体现着培养交际型人才的特点,不断在课堂中为学生创设情境,促进交流,发展学生的语言运用能力,培养交际才能。于是英语课堂就成了培养学生英语才能的摇篮,教师要在有限的课堂上为学生创设情境,感染学生,启动情智,让课堂呈现生命的灵动。

以上海牛津英语四年级第一学期第四单元 The natural world(自然世界)、第三单元 At the Century Park(在世纪公园)为研究案例。本单元的教学目标确定为:围绕"世纪公园",侧重于对孩子们游玩世纪公园或外出郊游所需物品的学习与描述;了解与学习世纪公园中不同场景的地理位置、不同场景下的不同活动;感受在公园等公共场所里所遵守的行为规则。同时,能运用所学句型来描述公园里的所见、所闻与所感,在感受美丽自然的同时,学做文明游客。在老师的努力下,通过媒体创设真实的语言情境,运用"上海世纪公园"的图片、视频等美景,以美妙的视听感受让学生身临其境。课堂已经升级为"世纪公园",所有的语言知识点都将在这个特定的环境展开,促使学生有交流的欲望。入境,是启动情智的起点。

二、问题——以情促智

第二阶段是在这个情境中要能产生真实的问题作为思维的刺激物,也就是帮助学生确定问题所在,并使学生产生解决这一问题的愿望和要求。杜威认为,学习者必须有足够的资料和实际材料,以便应对这个情境中产生的问题。资料和实际材料首要的是儿童本人现在生活的经验以及各种活动和事实。

也就是在该情境和活动中,包含着需要学生探究、思考的问题,学生利用已有的知识、经验、进行观察或与别人的交流,发现和确定问题。即课堂要让学生的思维、情感经历攀登的过程,课堂上要有紧张的智力体验和丰富的情感体验。要让学生兴趣盎然地、乐此不疲地攀登知识的高山、思维的高山、情感的高山和人格的高山,在课堂中展现生命的灵动,让课堂看得见完整的人。学会提问,形成问题,以情促智。课堂应该在不断的追问、解答、质疑和梳理中升华。问题是促成学生掌握知识、生成情智的支点,促使学生勇攀思维的高山。

再以 At the Century Park 一课为例,基于语言学习内容的层层递进,教学过程设计时用一条线索架构整个语言学习过程,通过"游览前"——创设去世纪公园游玩的场景,带出所需食物与物品的学习(第一课时);通过"游览中"——强化了解世纪公园中的不同景点的地理位置以及对场所功能的合理描述(第二课时);通过"游览后"——学会合理描述所拍摄的照片,并将学习与学生的生活实际结合,让学生感受大自然的美丽、初具良好的行为习惯(第三课时)。通过运用各种不同的教学方法,让学生通过"游览前、游览中、游览后"整个过程的层层深入地学习,同时完成单词、句型、语篇的递进学习。所以,感悟的过程是生成情智的重要支点,以情启智,以智促情。

三、假设——发展情智

第三阶段是从经验的占有和观察中产生对解决疑难问题的思考和假设。就是帮助学生运用掌握的资料提出创造性解决问题的办法。杜威认为,在这个阶段,儿童进行了思考、设计、发明和创新,儿童能在思维的过程中考虑从前不认识的事物,使他的经验有了真正的增长,从而形成新的性质的经验。

学生在教师的引导下通过"设计、发明、创造和筹划",提出解决问题的假设。教师的教与学生的学应融合在一个点上,这个点就是在课堂中师生互动交流,提出各种假设,以促成思维与情感的高度交流。师生的角色也随之发生了颠覆性的转型,教师的角色已经转变为儿童学习的设计者和服务者。语言交流交换的是对知识的认识,情感交流促进的则是对知识的理解与运用,而思维交流达成的则是情智空间的联结。设计各种语言交流活动,创造各种交流机会,筹划各种交流方式,让知识在各种假设中得以梳理和熟练。

又如,At the Century Park 一课,在课堂进入到拓展阶段时,老师在板书上留下了今天主要的语言知识结构,学生的语言技能也得到了相应的训练。那如何给学生一个更大的舞台进行知识的总结和梳理呢?本课的最后一个语言训练是教师给学生看她自己画的图片并进行介绍,紧紧围绕"Who(谁),Where(哪里),What … doing(干什么)"这个语言框架。老师让学生也互相展示他们在课前准备好的图片,此时课堂出现了"留白",没有任何束缚限制学生的思维,留给学生的就是一个用自己语言去交流的"自由空间"。教师在这个空间中是一个设计者、参与者、聆听者。同学拿着自己涂好颜色的图片,自由走出座位,找到自己信任的学习伙伴介绍图片。当然所有的语言技能都是本单元要完成的教学重难点,只是教师早已无形间给学生插上了隐形的"翅膀",给了学生足够展翅高飞的勇气和智慧。要相信,我们把课堂还给了学生,他们也一定会还给我们一份精彩与惊喜!带着情感的交流,是智慧生成的重要纽带,在语言与思维的交流中发展情智。

四、推理——展现情智

第四阶段是推理。这一阶段是帮助学生推断假设是否合理,形成科学的合理化知识。杜威认为,学生提出的假设不一定正确、合理,因此需要引导他们寻找逻辑的证明,只有经过证明并纳入已知序列的知识,才是科学的合理的。通过对目前情境的仔细考察,对假设进行推理,以修正或调整假设。在推理的过程中,教师把"情感"作为课堂教学的基础,激发学生学习兴趣;把"合作"作为课堂教学的保证,强化思维过程;把"创造"作为课堂教学的根本,鼓励学生深度思考,最终实现智慧发展,展现情智,进行知识的推理和运用。

例如,五年级英语兴趣拓展课 Air(空气)这一单元的教学,教师做了精心的设计与推理。首先用一首空气的小诗让学生感受到空气对人类的重要性;其次,用一个降落伞的小实验让学生感受空气的特点和用途,教师不去提严重的空气污染,而是让学生去发现书本一幅地图上的建筑情况,学生谈到某地有一个飞机场、某地有几个发电站、某地又有一个建筑工地等,最后学生自己发现这个城市的环境污染很严重,空气十分糟糕。于是,教师立即让学生讨论我们居住城市的空气情况,通过列表格,发现我们居住地附近的情况,有大型工厂(a big factory),有高科技工业区(high technical industrial district),有汽车站(Bus-stop),学生和书本一对照,发现我们的城市也有严重的大气污染,于是要保护环境无疑成了每位学生的共识,学生说:"We must protect our earth, we must look after the environment, we must be the friends of the earth"(我们必须保护地球,我们必须保护环境,我们是地球的朋友)这就是本单元的中心教学内容,这个教学过程的设计远比教师一开始就向他们发出"保护环境,拯救地球"的呼吁要有效得多,同时学生的学习又一次体现学生主体性,因为他们学会了主动发现,主动探索,主动解决。在各种推理假设中完成对知识的运用,同时体现学习的主动性和对知识的驾驭性。只有在课堂知识和实际生活问题中找到联结点,课堂才能体现生命的实践与拓展。

五、验证——情智共生

第五阶段是验证,儿童通过应用检验他的观念是否有效。杜威认为,在这阶段,为了检验假设的意义和价值,教师要使儿童有机会去进行检验,儿童要亲自动手去做,并在做的过程中做出自己的判断。因此,让学生将假设和推论运用到实际情境汇总进行检验,教师不以权威、指导者自居,其作用只是为学生的学习提供各种条件,教师起到顾问、咨询服务的作用,应学生的要求参加讨论、探索,激发学生深度参与智慧建构,引领学生深度思考,在情智交融中达成对知识的深度学习,在问题与互动中让课堂充满思维的碰撞,实现情智共生。在检验和验证中让学生真实发生,形成新的可用经验。

如上海牛津五年级英语 Supergirl's adventure(超级女孩奇遇记)一文,课文涉及的内容是迷路,这样的"奇遇记",很多孩子无法体会真正"迷路"是怎样一种状态,所以,教师引用了一段视频媒体。视频生动地为学生展示了主人公迷路的真实情境,让学生对"迷路"有了身临其境之感,接着,教师将课文新授部分进行了推进,Supergirl(超级女孩)和 Superdog(超级狗)前去解救三个迷路的男孩。有了之前视频的感受,学生便感受到"迷路者"需要别人的帮助,感受到了"助人为乐"的深刻道理。教学高潮处的提问是"如果你迷路了,怎么办?"这是一个具有发散性的问题,将学生的思维引向高潮,并让学生迸发出智慧的火花。学生和同伴讨论后,得到了"找地图"、"寻找指南针"、"找警察"、"找食物"、"写呼救信号 SOS"等答案。通过对课文本身的问题的探讨,引入到对"迷路"后的自救方法的讨论,引入到"如何帮助他人"的讨论,真正做到了将英语学习生活化,让"情智"课堂回味无穷。

"五步教学"体现了以学习者为中心的课堂理念,在"情境、问题、假设、推理、验证"的五个步骤中,对应的是教师注重对学生学习过程的"引"、"读"、"授"、"练"和"结",也就是在课堂上培养兴趣、读中感悟、重点点拨、巩固知识、归纳运用,让课堂看见完整的人。

雨果说:"世界上最广阔的东西是海洋,比海洋更广阔的是天空,比天空更广阔的是人的心灵。"心灵的财富是什么? 是人的精神,人的目标,人做事的动力,也是人感受生活的能力,品味快乐的能力。精神世界充实的人,才是最富有的人。成功的课堂是为孩子的成长注入心灵的滋养,让大脑自由灵活,让课堂看得见完整的人。因此,我们的课堂教学并不在于知识与技能的本身,而是在于内容与方式是否符合学生身心实际,达成促进学生心灵成长的目的。让我们追求情智共生、情智交融的"真课堂"!

第二节　不局限在教材里

教师不是教教材,而是用教材教。在传统的教学中,教师往往把教材当成学生学习的唯一对象,习惯牵着学生的鼻子去学教材、"钻"教材,甚至去背教材。由于只重视知识结论的教学,忽视了知识的形成过程,导致学生只有嘴上功夫、笔下功夫,而无手上功夫。教材被神化、绝对化了,教学变成了教书。

教材是教师教学的有力支撑,但绝非唯一资源。教学不能以本为本,而是强调书本知识向生活回归,向学生经验回归,注重对教材的多样化解读。教师在日常教学中应对教材进行补充、延伸、拓宽、重组,同时鼓励学生对教材的质疑和超越。教师在把握教材主脉络的前提下,具备三方面的技能:一是要有知识的孵化力,促进知识链的生成;二是要注重知识的繁殖力,促进知识网的生长;三是要关注知识的生长力,化知识为智慧。新时代的课堂,应该具备旺盛的孵化力、繁殖力和生长力,能够将零碎的知识,串成知识链,织成知识网,让知识启迪智慧。

一、孵化力：知识链的生成

所谓知识链，是指具备完整的课程观，遵从教材内容的内部逻辑关系，强化对板块的理解，注重单元分析。各门学科的知识一般都以螺旋上升的方式进行编排，因此，某节课的知识不是孤立存在的，它首先根植于某一课程、某一板块、某一单元。有了这样的观念，教师在教学中就不会"一叶障目，不见泰山"。在教学中，教师应该在把握课时内容的前提下，具备完整的课程观，注重单元分析，强化对板块领域的理解。

（一）立足整体课程观，生成知识链

学科教材不是唯一的学科工具，这一观念是课程观的重要内容。教材由原来的"控制"和"规范"功能转向为"为教学服务"的功能。这种教材观是教育的"社会控制职能"和制度化教育强化的结果。提倡"材料式"教材观，是课程观的基本要求。课堂教学中要体现课程观任重道远，怎么教学才能体现课程观呢？

首先，教师必须树立新的教材观。教师是"用教科书教"，而不是"教教科书"，更不是把教科书奉为圣旨，要做到"用好教材，超越教材"。课程资源的开发是这次课程改革中值得重视的新课题。学科教材所提供的材料毕竟是有限的，在信息化时代的今天，仅满足于教材上那些内容，已远远不能满足学生的需求。同时，知识的教学也远远不能体现社会对人们掌握课本知识的要求，更多是需要人有敏锐的洞察力与分析思考问题的能力。这就需要在课堂教学中为学生提供丰富的、有意义的、富有挑战性的素材，给学生提供辩论、思考的材料，学生从课堂模拟现实的思考中，掌握今后对自己发展需要所具备的素质。

其次，学生要真正主动而有效地学习。学生主动学习，这是一个永恒的话题，但真正落实在课堂上就显得非常单薄，很多所谓的主动学习，就是学生简单地回答教师提的几个没有思考价值的问题，做几道练习题，或者热热闹闹地说一阵谁也听不清楚的讨论，或是装模做样操作几下学具。其实，这是教学上的形式主义，也是教师缺乏课程观的体现。我们提倡的主动学习，是靠问题引导学生自主探索与发现，使发现式学习、探索性学习与研究性学习进入学生的学习方式中，培养学生的问题意识。以问题为中心，引导学生主动而有效的学习。

总之,教师与学生是教学过程中最活跃、最有生机的主要因素,教材的价值,从某种角度讲,最终是要通过教师的智慧教学来实现的。作为教师一定要尽力把课上得头头是道,还要让学生有想象、发展的余地,而不是禁锢学生思想的盖子。

(二)强化教材板块领域理解,生成知识链

所谓教材板块领域,是指一个学科根据内容划分的模块,每一个板块领域包含了不同的单元主题。如何实现各板块的优化组合,应当因教材、学情、教师的思维方式及教学风格而定。虽然不同的组合能体现不同的教学特色,但组合的优劣程度却是影响教学效果的重要因素。优化组合各板块教学内容是钻研教材、分析学情后的首要任务,也是形成教学策略,设计教学过程,选择教学手段等的重要前提,更是提高课堂教学实效的重要一环。

几个课时各有侧重,但又围绕同板块主题展开,因而它们之间存在某种内在必然联系。如果能抓住课时之间的关联,就容易使整个板块领域中课时的教学活动浑然一体,有助于学生构建相关的知识体系;相反,如果各课时之间缺乏有机的联系,那么各课时很容易形成与其他课时关系不大的独立板块,这不仅不利于学生构建相关语言知识体系,还会使诸多零碎的语言知识逐渐从学生的记忆中淡去。

只有在教学中贯彻整体教学的思想,充分意识到教学活动的整体性。我们才能在具体的单元教学活动中贯彻这一思想,完整地解读教材,才能把学生的认知和情感有机结合起来,在单元教学中逐步推进,让学生学得轻松,学得有法,夯实学生的基础。

(三)关注单元教学设计,生成知识链

单元教学设计,通俗地理解,就是站在单元的角度对本单元的教学内容进行设计。它建立在“整体教学”的理论基础上,心理学基础是始创于德国的格式塔心理学,又叫“完形主义”。格式塔心理学者认为:从培养创造性思维的立场出发,不仅学生应将学习情境视为一个整体来感知,教师更应努力把学习情境作为一个整体呈现给学生。

单元的基本信息中包含了单元标题及其在整个课程中的地位,实际上是对本节课内容重要性的一种定位,使教学的主次轻重更加明晰。单元设计包括单元的基本信息、单元教学目标、学情分析、重难点分析、教学流程及方法设计、教学效果评价设计和作业的布置七个方面。单元教学目标即是本课程教学目的在本节课中的量化指标。

它又分为单元能力目标、单元知识目标和单元品质目标,既体现了单元的特殊性,又与课程的整体目标保持一致。学情分析中包括授课班级基本情况、学生学习习惯分析、本课程以往学习情况、学习困难学生情况分析及帮助办法,这部分的内容看似平常、容易,而实际上却有着重要的作用。它是本单元设计的基础和出发点,"学情"可理解为既包含"学生情况"又包含"教学情况",其中"学生情况"包含学生的基础和学生的学习习惯等,"教学情况"包含以往的教学状态、效果及经验等。

整体设计单元教学内容,形成灵活开放的教学体系,应根据课程的总体目标并结合教学内容,创造性地优化贴近学生实际的教学活动。进行单元教学设计要寻找教学内容之间的内在联系,对教学内容的结构重新进行梳理,使问题的设计存在一定的逻辑性、递进自然性,反映知识发生和发展。

二、繁殖力:知识网的生长

构建知识网是一种非常广泛应用的教学方法。通过知识网的构建,建立较为系统的学科知识体系,可以让学生加深对基础知识的理解和巩固,加强学科内各知识的综合,有利于提高学生分析、归纳、综合的能力。这种方法不仅对小学生的学习有直接影响,而且对以后中学、大学,甚至终身学习都有非常大的用处。但是在小学阶段,学生不善于在学习中构建知识网络,在学习中运用得更少。而实际上,让学生学会这种方法是可行的,也是很必要的。

(一)根据知识的逻辑关系构建知识网

教材的知识很多是有逻辑关系的,但是为了更好地介绍知识,教材编排把这些知识分成了课时内容来讲解,从而把内在的逻辑关系隐藏起来,而学生在刚接触时很难把这些知识联系起来。例如,学生学习小学自然学科《透镜》一课时,初步接触光学知识,没有相关的知识储备,加之教材知识较细,学生实验观察点较多,一节课下来,学生往往不明就里。

表面来看,本节课是认识凸透镜、凹透镜,知道透镜对光的作用,实际上,学习内容不止于此。本节课是对光的折射内容的进一步学习,学生在观察到透镜对光的会聚、发散作用的前提下,应当引导学生发现为什么光透过透镜后传播路径发生了改变,学生进一步发现这是光的折射现象,与上节课学习的内容建立联系,使知识的网络逐渐形成。同时,这一课的内容是后面学习《眼睛》内容的基础,特别需要教师引导学生对知识点进行梳理,构建知识网络。在学习了后面的知识后,再让学生从光的折射和透镜两个角度出发,总结所学知识的逻辑关系,这样学生找到了这部分知识的脉络,弄清了各知识点的前因后果,达到了融会贯通。

同时,教师应提供方法便于学生树立主干、构建网络。在重构知识网络过程中各种图示、表格的引入,例如概念图、韦恩图、网络图、思维导图、鱼骨图、模型图等,可使教学内容变得更加直观,提高学生对知识重构的效率。学生在此基础上再将相关的知识补充进这个知识网络里,使知识条理化、系统化,从而形成了一定的知识体系,学习效果良好。

(二) 根据学生的认知过程构建知识网

通常情况下,学生的学习过程由两个阶段组成:第一阶段是"信息传递",可以通过课堂学习实现。第二阶段是"吸收内化",是由学生自己来完成的。如果缺少教师的支持和同伴的帮助,"吸收内化"阶段常常会让学生产生挫败感,丧失学习的动机和成就感。

在课堂学习中,学生认识问题的逻辑思维过程往往从"是什么"、"为什么"、"怎么样"这三方面来进行。因此,在讲解很多内容时,都可以从这种认识问题的逻辑思维过程来构建知识网络,从而让学生深入理解课本的内容。例如,在讲授《电磁铁》的时候,学生从"是什么"(什么是电磁铁)、"为什么"(电为何生磁)、"怎么样"(电磁铁的应用)这三大方面去思考和进行。而在学生自己进行的"吸收内化"的过程中,教师应给予充分的支持。首先应当给予资源上的支持,包括学习硬件、学习资源包、评价等,还应指导学生根据具体知识特点和自己的思维习惯,巧妙地将知识整合起来,将书本知识内化为自己的知识,从而轻松愉快地学习,最终提高自己的学习能力。

学生对知识的认知有一定的规律,遵从学生的认知规律,帮助学生抓住主干知识,然后在这个知识框架下再和学生一起分析更细的知识点。这样,学生能够快速准确地根据主干知识,从知识网络中提取相关知识点,便于内化和理解,使建构知识网络能够帮助学生更好地理清思路,更有效地学习。

（三）根据学科间的联系构建知识网

学科联系是多门学科的参与和介入，不是简单的跨学科教育。从教育的目的和价值诉求来看，挖掘学科间的联系旨在通过多门学科资源的介入，有效地化解问题，更好地达成教学目标，并在问题探究的过程中全面培养和训练学生的学习能力和综合素养。

基于这样的认识，挖掘学科联系虽是不同学科元素的参与和认知，但有统整，有主次，有多门学科知识的融入，更有主导学科的个性和特质。也就是说，在挖掘学科联系的过程中，主导学科（要学习的学科）是认知的对象和目标，其他学科是方法和手段，这些作为方法和手段的学科是学习上的资源供给和智力支持，目的是为了更好地学好主导学科，丰富和拓展学生的学习资源和认知视野。为此，挖掘学科间的联系有内在的规定和要求，必须从根本上克服那些可能带来的不利影响，以此梳理学科间的共通属性，达成构建知识网的目标。

三、生长力：化知识为智慧

所谓"化知识为智慧"，主要指主体在认识和实践过程中，将客观的、外在的、情境的知识转化为自身的理性智慧、实践智慧和价值智慧，达成主观与客观、主体与客体、个人与环境之间的交互性、生成性和转化性，并形成自由创造人格的过程。教学的目的不仅是让学生拥有真理，更是要培养和训练其学科思维能力、迁移能力和学科精神情感。我们在学科教学中要注重使学生在掌握知识的过程中，促进其由"知识"到智慧的转化。

（一）提升高阶思维培养理性智慧

所谓高阶思维，就是要让学生在极具思维含量和思维张力的问题中揣摩、探究、分析的思维能力。高阶性思维既要高于学生当下的思维意识，同时又要紧扣学生内在的最近发展区。

学生学习学科知识时都具有一定的学习能力，也积累了一定的学习方法，对于学科知识，学生习惯于整理、背诵，注重知识的简单积累。在学习的过程中要注重系统地掌握主要的观点及其各自认识事物的侧重点，要善于从整体上把握知识体系；要注重思维能力的训练,学会从观察、体验中理解知识,培养归纳、演绎、辩证思维等能力;要注重理论联系实际,学着用所学知识分析、解决问题,提出自己的见解。总之,要学习的是怎样进行思维活动,而不能仅限于整理知识、积累知识,以此达到理性智慧的不断攀升。

(二)加强知识迁移培养实践智慧

"迁移"本义是指从原来的所在地换到其他地点。这里所讲的"迁移"是教育心理学介绍和研究的一个重要内容,是指一种学习对另一种学习的影响,或习得的经验对完成其他活动的影响。学生将课堂所学迁移应用到课堂之外,在智慧化的课外活动和社会实践中扎根、生成、拓展。

实践出真知,实践出智慧。如果说课堂教学是学生智慧发展的第一空间的话,那么课外活动和社会实践则是学生智慧发展的第二和第三空间,"三维空间"综合形成学生智慧发展的实体环境。我国现代教育家陶行知先生一贯提倡"生活教育",他特别强调"行是知之始,知是行之成",意思是行动中必须有思想,思想中必须有创造,创造中必须有行动。在当今时代,教育尤其需要通过"实践育人"引导学生"行而知、知而思、思而智、智而创"。通过知识的不断迁移,学生在实践体验的世界里,一切客体都是生命化的,都是主体创造性认识的对象,实践智慧不断加强。

(三)落实学科德育培养价值智慧

学科德育具有个性化的教学方式和内隐性的教学过程,是学校实现立德树人教育目标的重要途径。当前,在学校教育变革的过程中,树立智慧教育的办学理念,营造智慧育人的校园环境,显得十分紧迫和必要。

教育过程作为知识活动过程,分学科进行,但最终的指向乃是个体德性的发展与个体生命自身的完善,使之具有价值智慧。知识走向美德主要是依赖两条路径,一是以知识本身的内在超越来达成个体德性,也即超越具体知识形式而上升到对普遍知识的追求,以知识的提升引导个体上升到德性之境;二是把知识的学习还原成个体求知的活动,知识学习的过程乃是个体求知天性的成全与扩展,以及由此而来的个体生命的理智的充实,由此而在求知的活动过程中提升个体生命的境界。前者是从学科知识本身出发,在建构个体知识内在秩序的同时,逐步引导个体通达普遍知识,由此而引导个体走向整体。前者强调的是建构个体朝向整全的知识体系,后者意味着对话式的或者研讨式的知识学习路径。核心素养是化知识为美德,具体包括理智兴趣、爱与智慧。学科教师要基于学科特色,开发适合学生需求的德育资源;把握好学科德育的教学艺术,充分尊重学生的主体性。学科德育管理者可尝试制定学校学科德育纲要,以确保学科德育得到真正落实,使学生具有价值智慧。

第三节　充满灵性的教学智慧

我们理想中的灵智课堂是体现智慧与灵动的课堂。灵智课堂,"灵"可以理解为灵魂、精神、灵气、创新;"智"理解为知识、技能、素养、智慧。它具有"小精灵教育"特质,归纳起来可用四个词体现:睿思、善辩、合作、灵动。打造灵智课堂,让每个学生在自主学习和相互交流中智慧、灵动起来。

我们立足于课堂教学,从问题研探到课堂变革,走睿思、善辩、合作、灵动的"灵智课堂"探索之路,力求形成富有马陆小学特色的课堂教学模式,将学生培养成为科学精致、自然灵动、情智共生的"小精灵"。

灵智课堂的本质是追求知识的乐趣,指向的是核心素养的落实,让课堂充满学生的灵动和智慧。灵智课堂,充满了灵性的光辉,闪耀着智慧的光芒,是我们理想中的课堂。

一、巧设支架,将课堂引向深入

支架式教学是根据维果茨基的"最近发展区"理论,对较复杂的问题通过建立"支架式"概念框架,使得学习者自己能沿着"支架"逐步攀升,从而完成对复杂概念或意义建构的一种教学策略。

我们的灵智课堂引入支架式教学理念。支架式教学为学生建构一种对知识理解的概念框架,用于促进学生对问题的进一步理解。因此,教师事先要把复杂的学习任务加以分解，以便于把学生的理解逐步引向深入。

（一）建立概念框架

支架式教学为学生建构一种对知识理解的概念框架。借用建筑行业使用的"脚手架"作为"概念框架"的形象化比喻，其实质是利用概念框架作为学习过程的脚手架。

这种框架中的概念是为发展学生对问题的进一步理解所需要的，也就是说，该框架应按照学生智力的"最近发展区"来建立。"最近发展区"指儿童在解决问题时的实际发展水平和在教师指导下解决问题时的潜在发展水平之间的距离，即实际水平和潜在水平之间的距离就是"最近发展区"。教师要想把握"最近发展区"，以加速学生的发展，教师必须首先确立儿童发展的两种水平：一是儿童已经达到的发展水平，二是儿童可能达到的发展水平，即儿童在他人帮助下能够达到的发展水平。

学科教师可围绕学习主题，按"最邻近发展区"的要求建立概念框架。如围绕《三角形的面积》这个主题，提出如下问题：① 三角形的面积与平行四边形的面积有什么关系？② 两者之间有关系的条件是什么？③ 三角形的面积怎样计算，有公式吗？④ 三角形的面积公式是怎样产生的？通过这种概念框架的支撑作用，不断地把学生的智力从一个水平提升到另一个更高的水平，真正做到使教学走到发展的前面。

（二）引导进入情境

体验总是在一定的情境中产生的。在教学中，联系学生已有的生活经验，采用多种方式，创设学习情境，对于吸引学生的注意力，激发学习兴趣，引导学生主动思考、探究有着十分重要的意义。

教学情境是指在课堂教学中，根据教学的内容，为落实教学目标所设定的，适合学习主体并作用于学习主体，产生一定情感反应，能够使其主动积极建构学习的具有学习背景、景象和学习活动条件的学习环境。教学情境可以贯穿于全课，也可以是课的开始、课的中间或课的结束。

支架式教学的第二环节是将学生引入一定的问题情境。如教学《三角形的面积》，脚手架搭成以后，教师把静止的平面教案变成立体的课堂活动，教师在电脑上演示：每个小方格为边长 1 厘米的正方形，沿对角线截去一半后，得到的三角形的面积是多少？

基于问题情境,以问题研究为平台的建构性教学成为课堂教学主流,灵智课堂的教师必须具备创设教学情境的专业能力。

灵智课堂中,教师们联系学生的现实生活,挖掘和利用学生的经验,创设体现学科特色,紧扣教学内容,凸现学习重点的教学情境。教学情境强调学科性,这意味着教师要挖掘学科自身的魅力,利用学科自身的内容和特征来生发情境,如依托语文的人文性、工具性创设语文教学情境,利用数学的严密性、抽象性来创设数学教学情境。在基于学科的教学情境激发下,有效地阐明学科知识在实际生活中的价值,帮助学生准确理解学科知识的内涵,激发他们学习的动力和热情。例如,在教学"平均分"时,我们可以创设一个"春游"的现实情境,让学生准备及分发各种食品和水果,但教学重点应该尽快地落到"总数是多少"、"怎么分的"、"分成几分,每份是多少"、"还有没有多余的"、"不同食物的分法中有什么共同的特点"等数学问题上来,而不是把大量的时间花在讨论"春游应该准备什么食物和水果"、"春游应该注意什么"等生活问题上。

灵智课堂注重教学情境的创设,有利于学生循着知识产生的脉络去准确把握学习内容,帮助学生顺利实现知识的迁移和应用,有利于激发学生的学习兴趣,使学生在学习中产生比较强烈的情感共鸣,增强他们的情感体验。灵智课堂创设、呈现教学情境,克服了纯粹的认知活动的缺陷,使学习成为一种包括情感体验在内的综合性活动,对于提高学习效果具有重要的积极意义。

(三)启发独立探索

进入问题情境之后,就要让学生独立探索。灵智课堂倡导自主探究式学习。它要求学要做课堂的主人,在老师的引导下发挥自己的主观能动性,调动各种感觉器官,通过动手、动眼、动嘴、动脑,主动地去获取知识。

支架式教学要让学生独立探索。独立探索内容包括:确定与给定概念有关的各种属性,并将各种属性按其重要性大小顺序排列。探索开始时先由教师启发引导(例如演示或介绍理解类似概念的过程),然后让学生自己去分析;探索过程中教师要适时提示,帮助学生沿概念框架逐步攀升。起初的引导、帮助可以多一些,以后逐渐减少——愈来愈多地放手让学生自己探索;最后要争取做到无须教师引导,学生自己能在概念框架中继续攀升。

例如,在进行《三角形的面积》活动设计时,教师估计到学生有可能遇到的障碍,恰当地设计了三个直观支架：

支架1：让学生动手用两个全等的直角三角形拼成一个图形（可能为长方形、平行四边形、三角形）。

支架2：用两个全等的锐角三角形，运用旋转、平移的方法，拼成平行四边形。

支架3：用两个全等的钝角三角形旋转、平移，拼成平行四边形。

让学生观察三角形与拼出的平行四边形之间有怎样的关系。接着，教师并没有满足于游戏的直观刺激，而是适时抛出一个问题"三角形与拼出的平行四边形有怎样的关系？"立即引起了学生的积极讨论，引发了学生心理上的认知冲突。在学生独立探索过程中，教师适时提示，帮助学生沿概念框架攀升，起初的引导、帮助可以更多一些，以后逐渐减少，愈来愈多地放手让学生自己探索，最后争取做到无须教师引导，学生自己能在概念框架中继续攀升，使学生加深对新知识的进一步理解，培养学生独立探索的精神。

灵智课堂倡导学生独立探索，这将更加有效地达成教学目标，更好地实现灵动、智慧的课堂，更有助于培养学生的核心素养，有助于学生的全面发展。

（四）鼓励合作学习

独立探索结束，进入合作学习环节。在这个环节中，教师是引导者，基本任务是启发诱导，学生是探究者，主要任务是通过合作学习探究发现新事物。因此，必须正确处理教师的"引"和学生的"探"的关系，做到既不放任自流，让学生漫无边际地去学习，也不能过多牵引。

进行小组协商、讨论，讨论的结果有可能使原来确定的、与当前所学概念有关的属性增加或减少，各种属性的排列次序也可能有所调整，并使原来多种意见相互矛盾且态度纷呈的复杂局面逐渐变得明朗、一致起来，在共享集体思维成果的基础上达到对当前所学概念比较全面、正确的理解，最终完成对所学知识的意义建构。

《三角形的面积》独立探索结束时，教师组织小组协商、讨论，师生共同得到：

（1）三角形与拼成的平行四边形有以下的关系：三角形与平行四边形的底相等、高相等；三角形的面积是拼成的平行四边形面积的一半。

（2）三角形面积与平行四边形有关系的先决条件是：三角形与平行四边形等底等高；三角形的面积是等底等高平行四边形面积的一半。即：平行四边形面积＝底×

高;三角形面积＝底×高÷2。

我们看到,三个支架的搭建使学生顺利地跨越了"最近发展区",从"对平行四边形公式的原认知"进入到"三角形面积公式的新认知",在此过程中,教师通过3个支架的作用,让学生动手操作,在实践活动中发现规律,概括出结论,充分发挥了学生的主体作用。由于学生是知识的主动建构者,在抽象思维的碰撞中,对问题的认识将会更加深刻,从而完成从具体到抽象,从模糊到准确,从单一到系统的思维训练。

合作学习环节是以师生、生生合作交流活动为中心的创新模式,它意指在教师创设的语境中,通过师生交流、生生交流、小组交流,强化人与人的交往,提高运用语言进行交流的能力,促使学生在"心理安全"和"心理自由"的精神环境中合作学习,主动思考、主动实践、主动创造,以达到培养记忆、思维、想象能力,开启其创新潜能的目的。

在这种合作教学模式中,学生和教师之间的关系是平等的,教师是为学生服务的。师生之间不仅交流、反馈,还能促进学生间彼此交往、互相尊重、互相学习、互相合作。学生在合作中不断地认识自我,明白自己在集体中的地位,自己的优势之处和不足之处,在集体氛围中,发扬自己的长处,弥补自己的不足。在师生合作教学中,教师永远是一名辅助者、促进者和组织者。

(五) 进行效果评价

对学习效果的评价包括学生个人的自我评价和学习小组对个人的学习评价,评价内容包括:自主学习能力、对小组合作学习所作出的贡献、是否完成对所学知识的意义建构。

当下,我们正在积极实践"等第制评价",我们在研究评价的时候,都会关注这三个维度:学习兴趣、学习习惯、学业成果。我们倡导评价指标转换为可观察的外显表现,采用多元化评价方式,并将其纳入课堂教学评价体系,让评价融入课堂,引导教学目标的达成。

支架式教学模式对课堂教学结构的优化是不容质疑的。这种教学模式的形成,使整个教学始终抓住学生与教学内容这个主要矛盾来展开,"建立概念框架,引导进入情境,启发独立探索,鼓励合作学习,进行效果评价"是教学过程的五个基本要素,各要素之间相互联系,相互作用,形成一种有机的配合。遵循教学过程的有序性原则,在整个课堂结构中,又对这五个要素按一定顺序进行排列,这样不仅使知识教学呈现出一种符合学生认知特点的逻辑顺序,还使能力、情感教学呈现出一定的层次性,利于学生思维与心理的发展。

在课堂教学中,只要教师多花心思,基于学生的实际学习水平,多角度、多渠道、多手段寻找适当、适时、适量的支架点,就能真正让学生逐步发现和解决学习中的问题,掌握所要学习的知识,提高问题解决能力,成长为一个独立的学习者、创造者。

二、设置可疑点,让课堂思维活跃

灵智课堂是活跃的课堂。活跃的课堂需要灵活的教师引导、鲜活的学生思维、跃动的课堂气氛。只有学生的思维充分运动起来,学生的脑力活动呈积极状态参与到课堂教学过程中,学生的主体性才能充分展现出来,教师的教学设计在课堂上取得实效才成为可能。只有根据学生的实际情况设计课堂教学,找出符合学生知识结构、知识水平的具体方法,才能真正激活课堂教学。要达到这一目标,一个不容忽视的环节就呈现在我们面前,那就是课堂提问激活课堂教学。在整个教学设计中,在课堂教学蓄势到一定程度之后,一定可以给思维找到一个"可燃点",促使剧烈思维活动的出现。

1. 在学习内容的关节点设疑。例如在语文课堂上,理解思想内容的关节点,是那些或隐或显地牵扯到课文主题和重要观点的词句。弄清这些词句,对于理解课文而言往往具有指向性意义。由统摄整个主题的题目而问,就抓住了一个引导学生理解主题思想内容的关节点。

2. 在学习内容的难点处设疑。学生接受课文内容的难点往往是学生认知矛盾的焦点。问题扣住教学重难点,梯度追踪线索,促使思考、形成认识。问题的设置给了学生一个明确的累积信息的方向,趋向于点燃学生的思维潜能。学生顺着搭建的思维阶梯踏实地攀登,当信息容量达到一定程度,学生就会领略到风光。

3. 在思维价值的细微处设疑。教师可在具有思维价值的细微处设疑。在和教学目标达成的内容有密切关系的细枝末节处设问质疑,启发学生在细微处发现"大义",不仅能够加深学生对教学内容的理解,更能够提高学生探究知识的兴趣。

设置问题是为了引起学生思维的真正发生,是为了引爆学生大脑中巨大的能量,是为了让学生在课堂上保持思维的积极状态而提升课堂效率。但是,课堂教学不能"满堂问",不能"随处问",除了艺术问,还要顾及到分层问等等。一节课高高兴兴、热热闹闹,这是"活"的课堂的表象特征,当学生的眼眸中流光溢彩、思接千载、视通万里、群情激昂之时,我们可以看到课堂上最美的一道风景。

三、点拨迷雾点,让课堂豁然开朗

课堂教学中的点拨,被喻为培养学生创新思维,创造能力,使学生获得正确学习方法的"点金之道"。"点拨"就是点其要害,拨开迷惘,拨疑为悟,片言居要,点石成金,举隅推导,闻一知十。"点"就是教师对学生要善于启发诱导,使之获得认识问题的正确方法;"拨"是教师拨开学生思维的迷雾,拨正学生认识问题和解决问题的思路。"点"与"拨"在教学实践中常常是形影不离的,其宗旨就是要抓住要害,排除学生学习中的心理障碍和知识障碍,引导学生积极主动地学习。灵智课堂教学中,我们要善于"点拨",还要讲究方法。

(一) 把握时机,适时点拨

学生在自主学习时遇到些疑问,产生一些误解,思维被阻塞等现象是很正常的,教师要及时地给予指点,使他们思维通畅、豁然开朗。点拨的关键是要找准学生的真实情况,把握好时机,在学生需要的时候给予适当点拨,就像雪中送炭,方能收到较好的效果。

(二) 基于当下,着眼长远

点拨,不仅要把握时机,还要考虑"点"在何处;点拨,既要基于当下,也要着眼长远,追求"拨"的精彩。

新知识比较单一,属于后继型的一些教学内容,学生有能力通过自主学习完成任务,教师可提供一些较好的情景或实验,让学生尽情"挥洒"自己的所见所思,让他们自己感悟新知。教师只要将学生零散杂乱、参差不齐的想法,整理成"章",沟通成"网",连接成具有条理性和逻辑性的知识链,从而"点明"新知的内涵。

1. 循循善诱,引向深入。课堂教学中常出现这样的情况:教师提出问题后,学生也能答出一二,且思考方向正确,但认识深度不够。这时,教师就应该在肯定学生认识方向的基础上启发诱导,顺势点拨,使其认识更系统深入。

2. 铺设阶梯,指点迷津。当学生遇到难度较大的问题而感到束手无策时,教师应在认识彼岸的路上造阶搭梯,指点解决问题的思路和方法,从而启发学生思维,指点学生迷津。

3. 发散聚合,训练思维。思维可分为两种形式:发散性思维和聚合思维。对一个事物或一个问题的看法或认识,需要全方位,多层次,多角度地认识、考证,得出结论。因此,发散和聚合两种方式在认识问题和解决问题时应当是紧密联系的。如小学生由于知识年龄等方面特点,认识问题有时片面,这时教师就应进行思维方式点拨,提高思维认识。

4. 归谬正误,转变认识。当学生对一个问题产生错误认识时,教师如果只是简单地予以否定,难以使学生信服,并易产生逆反心理。这时,就应让学生认识错误的根源所在,使他幡然醒悟,转变正确的认识,这就是归谬法。

灵智课堂上,教师适时、适宜、适度、适当的点拨帮助学生化难为易,变困惑为顿悟,引导学生思维发展,促进学生学习能力的提高,优化教学过程,大大提高课堂教学效率。

灵智课堂教学环境中教师对学生的"点拨"既是一种技巧,更是一门艺术。教学中对学生的深层点拨并不是仅仅停留在知识层面,还要伸展到方法、态度、情感、思想等方面,是触及学生心灵,拨动学生心弦的点拨。

四、撩拨动情点,让课堂泛起涟漪

苏霍姆林斯基曾说:"我一千次地确信,没有一条富有诗意的、感情的和美的清泉,就不可能有学生的全面智力的发展。"德国教育学家第斯多惠也说:"教学的艺术不在于传授本领,而在于激励、唤醒和鼓舞。"巧妙地启发学生愿意去思考、思考出乐趣,挖掘学生自主探究的学习动力,是灵智课堂教学的真谛。灵智课堂教学是调动学生思维的课堂,教师要善于撩拨学生心灵深处的动情点,激发学生思考的兴趣。

1. 研读教材,捕捉动情点。教学首先要考虑学生的兴趣,考虑到哪些内容最容易激起学生的情感波澜。我们都知道,精彩的课堂开头往往给学生带来新异、亲切的感觉,不仅能使学生迅速地由抑制到兴奋,而且还会使学生把学习当成是一种需要,进入学习新知识的情境,其关键是激发学生的"动情点",将学生置于"心求达而未达,口欲言而不能"的心理状态,课堂要使学生动情,教师必须在研读教材时,把握住教学内容的特点,捕捉教学内容的动情点,以情激情,有机渗透,潜移默化。

2. 趣味导入,激发动情点。课堂导入是课堂教学必不可少的组成部分。它犹如文章的"凤头",虽小巧玲珑,却能安定学生情绪,诱发学生的感情,激发学习兴趣,让他们带着强烈的求知欲和孜孜以求的心理进入学习情境中。如《十里长街送总理》一文可设计这样的一个引子:"1976年1月8日,那黑色的日子,1976年1月8日,那悲痛的日子,周总理去世了——带着千万人的怀念——周总理啊——您在哪里?"接着导入新课范读课文,天阴沉沉,立刻吸引了学生的注意力,教学效果颇佳。

钱梦龙老师教学《中国石拱桥》的课例堪称激发"趣思"的经典,至今鲜有超越:一开始上课,钱老师故意不让翻书,别出心裁地以文中"大拱的两肩上,各有两个小拱"的"肩"字为突破口,先出示赵州桥挂图,让学生说明大拱和四个小拱的关系,教师依据学生的语言表述画出相应的简图,学生答"两侧"的,答"两边"的,答"两旁"的,答"两头"的,答"大拱的上面"的……答来答去,教师画出来的图跟挂图上的就是不一样,学生一个个跃跃欲试,"心有所思,口不能言",越说越糊涂,急欲看书,偷查课文,抢着作答,课堂气氛之热烈,令人叫绝。就在学生"不愤不启,不悱不发"的当口,教师因势利导,产生了很好的教学效果。这缘于钱老师有效地撩拨了教学内容的动情点,激发学生思考的兴趣,使课堂顿现生机。

3. 投石激浪,设疑动情点。"学起于思,思源于疑"课堂教学过程是一个特殊的认知过程,也是一个复杂的思维过程。思维活动由问题的产生开始,问题是学习的起点,问题是点燃学生创造思维的火花。教师应根据"课情"、"学情"因势利导找准切入点,提出有启发性的思考题,激发学生的求知欲望,唤起他们的学习热情,调动学生的思维,使课堂充满生机。比如语文课上,我们可以根据教学内容,从文章人物心理的剧烈冲突中,寻找动情点,激发学生情感的波澜。如《穷人》桑娜在收养了西蒙的两个孤儿之后所产生的激烈的思想斗争,突出表现了人物的善良品质。教学时教师如能抓住这些细节启发感染学生,就能以摇曳人心的艺术力量激起他们的情感,从而更好的达到本课的阅读教学目标。

教学的过程就是教学生学的过程,"教"是为了"学","学"是为了脱离"教",这就是"教"与"学"的辩证统一。课堂教学是一门艺术,我们不仅要得其形,更要得其神。只有灵动而智慧的课堂,才能引领我们的学生愉悦地步入学习的精神殿堂,使课堂更精彩,使学生更灵动、更智慧。

第四节　让学习真正发生

　　在学校的大多数时间里学生都是在课堂中学习,但是课堂中的学习真正发生了吗? 这一问题令我们陷入了沉思,冷静审视之后我们不难发现,当今课堂上教师的"一统天下"仍然存在,教师的"引领缺失",学生的个性思维得不到梳理与提升,缺乏深入的研究与思考,关注了"生活味",忽视了学科特性,关注了教学形式,却忽视了实际收获,由此造成的结果是热热闹闹的课堂教学背后却是教学效率的低下,学生在课堂教学中的学习并没有真正发生。基于这样的现状及思考,本章节以数学学科为例展开讨论,讨论什么是灵动的课堂,讨论怎样的课堂可以让我们的学习得以真正发生。

　　有一个说法很形象:一个鸡蛋,从里面打开是生命,从外面打开是食物,然而,要从里面打开,离不开外面的孵化。杜威也曾经说过:"因为生长是生活的特征,所以教育就是不断生长;在它自身以外,没有别的目的。"一个学校的教育价值,这个标准就是要看它创造继续生长的愿望到了什么程度,看它为实现这种愿望提供方法到什么程度。让学习真正发生,这样的教学模式最大限度地孵化了学生要求生长的强烈愿望,从而驱动教师运用教学智慧,启迪学生的思维品质,让学生的大脑可以灵活自由的发展,让每一节课的学习都可以真正发生。虽然说评判一节好课没有一个具体的标准,但一堂好课一定是"让学习真正发生"的课,应当呈现出"教师导学导思,学生情趣盎然;学生深度参与,实现自主建构;课堂生动活泼,产生积极生成"的生动局面。因此,在当今这个较高效的时代,我们的课堂给我们提出了更高的要求,我们要追寻让每一节课都成为灵智的教学,让学生的大脑自由灵活的参与每一节课,让每一次的学习真正发生,为了达成这个美好的愿景,我们创造和谐愉悦的学习环境,运用自由灵活的学习方式,营造思维碰撞的学习过程。

一、情趣盎然: 创造和谐愉悦的学习情态

　　无论什么课,如果没有情趣,教师就很容易和学生站到对立的位置上,这样的结果

是可想而知的，因此，我们的教学要充满情趣。这里的"情"，就是教师在课堂教学中对学生要有情，关爱每一个学生；这里的"趣"指的是教师设计的活动要有趣味，要有新鲜感。富有情趣的课堂必然是和谐愉悦的课堂，情趣是快乐和幸福的源泉，让学生兴趣盎然地参与到教学中来，享受学习的快乐，体会发现的幸福。

教学是一门科学，需要严谨，然而它更是一门艺术，需要师生间的情感和谐。情感，作为人对客观事物的体验，是伴随人的认知过程而产生，它与人的需要和认识过程关系密切，愉悦的情感能内化为人的智力活动，促进智力的发展。爱因斯坦曾回忆他中学阶段的学习，他深情地感慨是学校用它那自由的精神和教师的淳朴热情，大大发展了他的独立精神和创造能力。

开展灵动的课堂教学，让学习真正发生，让教师乐教、学生愿学这一美好愿景成为现实，首先需要的是兴趣。兴趣，是学生学习发生的起点。要让整个课堂脱离硬性灌输、死记硬背、教孤立知识的窠臼，始终注意引导学生思考、发现、参与、互动。在这样的课堂中，教师帮助、引领学生，起到穿针引线的作用。古人云，"观山则情满于山，观海则情溢于海"，那么，"上课则情溢于课"，学生是教师有待点燃的"火把"，教学当以情激趣。法国哲学家、教育家雅克说过，"自裴斯泰洛奇、卢梭、康德以来，教育界中所出现的现代看法其实际上的长处就是重新发现了这一基本真理：教育的主要动因和动力因素并不是教师的艺术，而是能动性的内在原则，即天性和心灵的内部力量。"而能够让学生产生学习兴趣是产生能动性的根本前提，兴趣是激发心灵的重要内部力量，是学习发生的重要起点。

二、生动活泼：自由灵活的学习方式

动手实践、自主探索与合作交流是学生学习的重要方式。我们应根据不同的教学内容，引导学生运用不同的学习方式来获得每一节课的最大化效果。课堂教学是实施课程的主渠道，我们应该引导学生自觉、主动、深入地参与到教学中来，把过程还给学生，把时间还给学生，把学习的权利还给学生。师生共享知识、共享经验、共享智慧及人生的意义和价值，使课堂成为学生思维发展的舞台，让每一道题成为学生幸福生活的快乐音符。

在课程实践过程中，我们真真切切感觉到课堂上师生应该互教互学，彼此形成一个真正的共同体。教学过程应是师生共同开发课程、丰富课程的过程,师生双方互相交流、互相理解、互相补充。在互动的过程中,教师与学生分享彼此的思想、见解和知识,交流彼此的情感、观念和理念。同时应做到尊重学生的爱好、个性和人格,以民主的态度对待每一个学生,使学生在教学过程中,做学习的主人。在这样的环境中,学生可以畅所欲言,各抒己见。只有这样才能使一株株蕴涵创新精神的幼苗长成参天大树,创新精神才会得到发扬。

以沪教版小学数学五年级上册《梯形的面积》为例进行探讨。《梯形的面积》是在学习了平行四边形的面积、三角形的面积的基础上开展教学的,在前面探讨平行四边形面积、三角形面积的过程中,教师均采用让学生充分讨论、充分探究的过程中,通过割割补补来推导出平行四边形和三角形的面积,有了这样的操作基础,再来学习本节课的内容,学生就不会感觉有过多的困难。在上课导入环节,教师让学生观看了一段三峡大坝泄洪的小视频,在小视频中每个学生都感受到了洪水的汹涌,如果大坝不能及时阻挡洪水,将给成千上万的百姓带来灾难,怎样判断大坝的横截面在不断的冲刷过程中会进行磨损,当大坝的横截面面积小于280平方米的时候,就会出现危险,现在知道大坝的横截面是一个梯形的形状,创设了每年到了雨季三峡大坝要进行泄洪的一个情景,当洪水冲击大坝横截面的时候要产生巨大的冲击力,大坝是否能够承受这样的冲击力,需要进行测验。在创设了这样一个情景后,学生的学习兴趣已经被点燃,学生个个摩拳擦掌,好像是拯救万物生灵的英雄,开始跃跃欲试,从猜想梯形的面积与什么有关系,到探究验证自己的猜想。在这个过程中,学生小组合作动手操作,在剪一剪、拼一拼、补一补的操作活动中推出梯形的面积到底跟什么因素有关。

最后,根据梯形的面积公式,计算此时三峡大坝横截面的面积,得出最后的结论进行计算,并判断三峡大坝是否可以阻挡洪水,这样的学习方式是自由灵活的。这样由动手实践引起和促进学生把外显的动作过程和内隐的思维活动紧密结合起来。这样的学习方式是自由灵活的,也是生动活泼的。这样的学习是深刻的,是知识真正建构的过程。

三、深度学习:拥有思维碰撞的学习过程

学习是否真正发生,要看学生的思维是否处于冲突、活跃的状态。正如苏霍姆林

斯基所说,教师始终注视着学生理解知识的过程,他用不着等到下课后再去了解学生是否领会了教材,他在课堂上就能看出学生脑力劳动的情况,以便他思考自己所讲的东西和让学生理解的东西的含义,同时还在思考自己的教育技巧中一个最重要的问题:在自己所做的事情跟所收到的效果之间有着怎样的依存性?教师的真正思维素养,就在于学习教材的过程中,教师能找出一些工作方法和形式,使他能够看见学生思路是如何发展的。在这个课例中,教师的思维素养就体现在激趣与引导中,学生在自己命题的过程中形成对文章的整体感受。这个过程的价值就在于"高度尊重学生"、"全面依靠学生",学生内在需求得以满足,思维受到积极挑战,问题因为发生了学习而得以解决,也生成了新的问题,进一步增强学习成就感。较之教师提问学生作答,无论是思维品质还是学习兴致都有了质的提升。

再以沪教版小学数学二年级上册《有余数的除法》为例,片段如下:

出示学习任务:把 17 根小棒平均分给班里的 4 位同学。

学生小组活动,然后全班交流。

组 1(边演示边汇报):每人分 4 根,还剩 1 根。

师(发现没有反对意见,就有质疑):如果像我这样分,每人分 3 根,还剩 5 根,行吗?(边说边演示)

生 1:还剩 5 根,这样还可以继续分呀!

(师让生 1 上前演示继续分。)

师:现在还余几根?

生:1 根。

师:还能不能再分?

生:不能了。

师:为什么?

生:因为只剩下 1 根了,不够 4 人分。

师:刚才分小棒的过程能用算式表示出来吗?

让学生独立思考后,全班交流。

生:$17 \div 4 = 4$ 余数为 1

师:真好!用一道简洁的数学算式就把刚才的分法表示出来了。大家再想想,如果添加 1 根小棒,把 18 根小棒平均分给 4 个同学,结果又是怎样的? 你们分分看。

学生小组活动,然后汇报。

生:每人分 4 根,还剩 2 根。

师:剩 2 根还能不能再分了?

生:不够分了。

师:怎么用算式表示呢?

生:$18 \div 4 = 4 \cdots\cdots 2$

师:如果再添 1 根小棒,19 根小棒分给 4 名同学,又会怎么样呢?

生:每人分 4 根,还剩 3 根。

师:怎么用算式表示呢?

生:$19 \div 4 = 4 \cdots\cdots 3$

师:观察这 3 个算式,你有什么发现呢?

生 1:被除数增加,除数不变,商也不变,余数增加 1。

生 2:被除数越大,余数也越大。

师:是吗? 按照你们的推测,如果被除数再增加 1,那余数应该……

生 1:再加 1。

生 3:不对。再多一根小棒,每人就可以分 5 根,就没有余数了。

师:是这样吗? 我们验证一下,注意观察余数的变化。

课件演示把 20 根小棒平均分给 4 个人的过程,使学生清楚地看到 20 根小棒全都分完了,余数为 0。

师:如果是 21 根小棒呢?

生:会余下 1 根小棒,因为 20 根全部分完了,多出的 1 根就会余下来。

师:如果是 22 根小棒呢?

生:会余下 2 根小棒。

师:23 根小棒呢?

生:会余下 3 根。

师:如果是 24 根小棒,是不是就会余下 4 根呀?

生:不是,余下的 4 根小棒正好能分给 4 个人,不会有余下的。

课件演示:把 20 根小棒一根一根地增加,余数分别为 1、2、3、0;1、2、3、0;1……

师:你有什么发现呢?

生1：老师，我发现了，余数一定比除数小，要不然就还能再分。

生2：老师，我也发现了，余数比除数大或者和除数一样大，就还能继续分；余数比除数小就不能再分了，所以余数一定要比除数小。

······

这样获得的知识是在"思维的碰撞"中产生的，这样的学习必然是一种深度的学习。虽然结果有对有错，但师生之间，生生之间在对话中思维发生碰撞的过程中是美丽的，这是教师智慧的体现，也是一堂好课的精华所在。

课程改革呼唤我们构建扎实、灵动的课堂教学，灵动的课堂离不开情趣盎然的学习情景，思维自由的学习方式和有思维的碰撞过程，这样的教学最大限度孵化了儿童要求生长的强烈愿望，这样的课堂必然需要教师拥有最大的智慧让课堂教学真正发生，让每一个孩子真正参与到课堂教学中来。

第 五 章

灵活：让评价撬动变革

评价是价值判断的过程。我们学校特别强调评价的情境性、真实性以及过程性，重视学生解决问题的过程，重视采用灵活多样的评价方法调动师生参与评价的积极性。学校的评价改革彰显了儿童中心的立场，这样的评价使每个孩子的自信心得以增强，潜能得以发挥。

回归教育本源，让孩子站在教育的中央是聚焦儿童成长的出发点。了解学生特点和发展规律，根据学生发展的动态变化开展适切的教育教学活动，是学校变革的关键。从这个角度上看，学生评价已经成为学校变革的关键环节。如何优化学生评价，促进学生全面、积极而有个性的发展，同时更好地引领学校的领导决策和持续变革呢？借助评价创新，可以帮助教师了解学生的成长规律，并在此基础上进行有针对性、有层次性地改进，提升学校变革与发展的有效性和系统性。

学生评价的科学设计。针对素养的评价，需要关注操作性定义、模型建构与评测情境。针对学习品质、情感和社会性发展的评价，则需要基于真实性评价开展设计。针对学生满意度、幸福感的调查，则需要有较为专业的框架设计。

学生发展的过程记录。伴随评价理念的发展和信息技术的涌现，评价的过程性记录日益重要。基于评价系统，记录学生成长足迹，成就更好的自己，成为日益重要的诉求。

评价结果的深度分析。学生评价的结果不仅是对学生的评定，更重要在此基础上的后续深度分析，如教师的教育教学，家校合作和家庭教育指导，学校整体管理等方面的问题反思和持续改进。

学生评价在未来学校发展中的重要性日益凸显。我们以学生发展为本，形成校本化的学生成长目标期待，并构建起相配套的学生评价系统，在此基础上，不断变革课堂教学，提升教师品质，改善领导与管理，最终形成了以学生发展为核心的学校变革同心圆。

第一节　阶梯式评价的节点

评价的"节点"是对校园生活进行的统整，形成注重横向结构的整体性，形成不同节点阶段活动的内容序列。每项活动评价都紧紧围绕"育人价值"、"内容选择"、"活动方法"、"活动组织"进行,注重每项活动的系统融合,并主动将评价渗透到过程中,体现育人的全息渗透。

一、引领儿童走向发展的新境界

自 2015 年起,我校在开展小精灵教育的深度自觉中寻求学校评价方式的突破,探索实施了一系列小精灵发展性评价项目,引领并促进每一个学生走向自能发展的新境界。这些评价项目有一个共同特点:都是将学生需要达到的近期目标、中期目标、远期目标形成一个清晰的阶梯状结构或并列的"钢琴键盘"结构,故我们形象地称之为"阶梯式评价"。

由于小学阶段是儿童自我意识觉醒的时期,小学生的头脑中开始出现自己未来发展的蓝图,教师要善于促使他们运用自己的力量去获得成功。

引领是"阶梯式评价"的原则,教师应当成为学生自主发展的引领者。从学生的成长过程来说,引领是精神的唤醒、潜能的显发、内心的敞亮、主体性的弘扬与独特性的彰显;从师生共同活动的角度来说,引领是经验共享视界的融合与灵魂的感召。"阶梯式评价"侧重于将学生的"心"和"行"引向教育目标,目标是使学生逐步成长为独立之人、自主之人、能动之人、创新之人。可以借用这样的语言来表达:给学生一个权利,让他们自己去选择;给学生一个空间,让他们自己往前走;给学生一个时间,让他们自己去安排;给学生一个机遇,让他们自己去抓住;给学生一个项目,让他们自己去创造。

二、创生评价阶梯目标新行动

我们强调学生在学习活动中的主体地位,强调使学生从被动的接受教育转为教育活动的主体。如何让"阶梯式评价"扬教育之优势,通过评价统整教育目标与学生发展目标、转变评价方向、创新评价方法、调试育人文化、促进学校特色发展呢?

"阶梯式评价"从方案研制到实施后修改均需要配套的机制来保障。我们整理并提炼了"阶梯式评价"的实践创新做法:

1. 多元调研与协商研究。"阶梯式评价"的每一个项目都要从向家长、教师、学生、专家征求评价内容、评价方式、评价建议做起,然后根据教育目标、学生发展需求予以合理的筛选。

2. 评价研发与协调改进。校长作为校内的评价专家,提高内部评价的质量是核心任务,具体责任包括:培训教师使之接受新的评价理念、方法技术;对学生评价过程给予指导;对学校的评价政策进行检查;组织对学生评价体系进行调整或者改革;发现评价过程中出现的问题,及时予以纠正。

3. 校本研修与全面发展指导。借助《"四小骏马"评价表》,各年级各学科教师以座谈会的形式对每一个学生的学习、发展进步状况作全面评价,对学生潜在的心理、个性、身体、能力等素质和发展趋势做出全面的分析,对学生发展的潜能和不足进行客观描述,对学生的考试结果等做出分析解释、说明和建议,形成分析报告或意见,并提出学生今后如何实现全面发展的指导性、建设性意见。通过这样的校本研修方式,让教师协同合作,乐于对学生的评价进行研究。

4. 自主选择与多主体参与。"阶梯式评价"在评选中赋予每个学生自由申报评价项目的选择权,学生可以在家长和教师的帮助下、在同学的提醒下,独立地提出参评申请,陈述自己的最佳表现、一般表现和取得的进步;经过半数以上的同学认可,或达到一定的积分点,就能获得表彰。这既重视了个体评价,又能关注他人评价的导向,使得社会评价和个体评价趋向协调一致。

5. 定期表彰和实施课程管理。"阶梯式评价"的每一个项目都纳入学校整体课程管理,每个学年至少有一次认证评选,保持稳定的管理机制使得"阶梯式评价"的价值和效益得到进一步提升,走向良性循环。

 案例

爱学习——学科本领有声有色

"学科评价三阶梯":以紫悠(优)、绿盛(胜)、橙景(进)作为评价阶梯,以有颜色的符号让评价显得更温馨和直观。在这样的等第评价中激发队员自信和学习兴趣,让队员有"跳一跳,可以摘到桃"的进步愿望,每个等第可以兑换对应数量的"精灵币",并且以"长辈寄语"、"小骏马一句话感言"、"我的学习收获"等互动语言来交流和分享阶段学习成效。

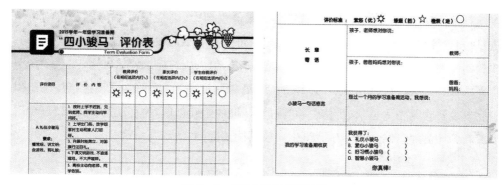

图 5 - 1 "四小骏马"评价表

"精灵乐学骏马启智"签证颁章： 改变传统期末纸笔测试，将各学科学期所学的知识内容和应具备的能力素养，融合到饶有兴趣的游戏之中，队员通过闯关的方式完成期末的综合性评价。

图 5 - 2 活动现场

第二节 争章性评价的活性

学校针对评价实施中的现实问题，建立综合性动态调整体系，借助制度运行中的"加、减、乘、除"，实现制度文化内生动力的持续强化。加：增加前延后续。注重多元交互式评价，在评价方案成型或相对完备后，制度化推进二次重构，逐步将评价研究重点与日常活动整合。减：精减突出核心。评价规划中,围绕学校评价体系建构与推进,对相关评价标准进行删减或废除,突出评价变革等核心要素。乘：应用方法策略。改变制度评价体系中"拍脑袋"、"个人意志"现象,引入成长需求评估机制,实现评价引领需求,以需求促进评价的循环过程。除：更新制度内涵。评价机制的构建,逐步由制度要求转化为个人追求、价值引领与过程认同的全新创造,使制度逐步退出"舞台",形成教师团队、教师个人、学生及学生家长共同认同的"契约"。

一、创设学校核心素养综合评价

争章活动是中国少年雏鹰行动的重要组成部分,是对少先队员参加少先队活动、努力提高各方面素质的激励和评价体系。《少先队活动课程指导纲要》(试行,2015年9月)在少先队课程的评价机制中指出：以雏鹰奖章为主要激励方式,鼓励少年儿童通过定章、争章、评章、颁章、护章,不断确立新的目标、追求进步。坚持公正、民主、平等,自评、互评、他评相结合,由小队、中队和大队组织。鼓励各地少工委和基层学校少先队组织结合本地特点和校本特色,创设丰富多彩、灵活多样的地方奖章和校本奖章。

少先队工作是学校德育的重要组成部分,德育工作的顺利开展需要少先队这个广阔的舞台,少先队与德育密不可分。雏鹰争章活动是少先队工作的品牌活动之一,学校把争章活动与平时的教学工作、德育工作、安全工作、心理健康教育工作等整合,让队员们的校园生活更丰富多彩,也让少先队员的激励多了一个途径,同时也把雏鹰争章活动无痕地整合到学校的常规工作之中。

二、让竞争发挥主观能动性

由于整个活动的理念框架非常清晰,学校的争章活动形成了一系列的体系,而且一直保持着对学生的吸引力和旺盛的生命力。在我们学校,每一个教师都是辅导员,就连校长都亲自参与到争章评价活动中,与学生一起进行争创"红领巾小主人"、"红领巾小健将"、"红领巾小创客"、"红领巾小百灵"、"红领巾小书虫",一方面调动学生争章的积极性,另一方面树立良好的榜样作用,调动辅导员的积极性。活动的开展,培养了学生的综合能力,促进学生去学习更多的知识。校领导的亲自参与,让雏鹰争章、动感中队的创建更有实效性。

结合学校、学生实际，少先队大队部首先制定符合学校校情的《学校评价手册》，把雏鹰争章与学科评价结合在一起，作为队员的行为习惯与养成教育的重点与准则。一方面根据《中国少年雏鹰行动雏鹰奖章实施细则》，用心推进雏鹰基础章争章活动，另一方面《学校评价手册》可以从队员的品德、安全、礼貌礼仪、纪律、卫生、学习常规等方面进行提示，还可融进动感中队的创建内容。

每学年初，各中队根据《学校评价手册》里大队部对每个年级的阶段要求，配合学校的学期工作计划，制定争章计划，确定每个年级的必修章。再由各中队根据各自实际状况，结合《少先队活动课程基本内容》、《少先队活动课程分年级实施参考》，讨论制定中队选修章、小队选修章。在教室里布置雏鹰争章角，将本学期要争的章目及争章要求公布在栏，时时刻刻督促少先队员们为了自己的目标而努力。在确定好各年级所争奖章之后，学校大队部要通过红领巾广播、国旗下讲话、橱窗宣传等形式，让学生随时随地熟悉获得各种奖章的标准。评价时，利用班队活动课，首先由队员个人自荐，展示自己的争章成果，然后队员评价、表决。颁章的形式可以多种多样，可以利用升旗仪式、晨会、少先队活动课，也可以特意组织一场大、中队颁章活动，或大型活动后直接颁发，仪式要隆重、热烈，让队员体会成功的喜悦。

争章是挑战自我、战胜自我的过程。因此，队员每争到一枚章，就学会了一种技能，一种方法，更重要的是，增加了一份自信。雏鹰争章活动让队员通过体验，提高了综合素质。少先队大、中队开展丰富多彩的队活动充分发挥队员的主动性，让他们在活动中竞争，在活动中挖掘各种潜力。

在实际操作中，我们不断摸索，在摸索中不断总结经验、不断改进，雏鹰争章活动已经成为学生综合素质提高的平台，也能服务于学校的各项工作，使学校的评价更多元化。

 案例

小精灵特色争章性评价

马陆小学围绕品质课程项目的开发与实施，根据学校文化顶层设计，确立以"科学精致、自然灵动、品质为上"为办学价值取向；以"亲近自然、纵情书香、涵养气质"为办学理念的"小精灵教育"。以培养"爱学习，有灵气；懂礼仪，展灵秀；勤动手，呈灵巧；善合作，显灵通"的小精灵为育人目标来实现"每一个孩子都是精灵"的办学愿景。

随着学校文化内涵的不断充实更新，为我校少先队创造性地发展提供了新的契机。学校大队部在探索如何将学校精灵教育理念融入少先队工作的过程中，建构校本特色争章体系，开发符合现在校情的"小精灵"特色章来深化学校少先队校本品牌建设。

争章活动作为少先队极其重要的品牌活动，对全面提高少先队员各方面的素质有着不可替代的作用。以学校"小精灵"育人理念为基础、"灵心德育"重点工作为指导，优化原有特色活动，学校大队部摸索着开展"灵秀章、灵气章、灵巧章、灵通章"四大体系的争章活动，分别对应"行规礼仪、学科本领、艺术竞技、主题活动"四大版块为观察点予以考章颁章评价。

拟定争章目标与内容：

根据小精灵教育的育人目标——培养"爱学习，有灵气；懂礼仪，展灵秀；勤动手，呈灵巧；善合作，显灵通"的小精灵，我们计划设定"灵气章"、"灵秀章"、"灵巧章"、"灵通章"。

"灵气章"主要是围绕"爱学习"这一目标设定争章内容，可以结合学科教学进行规划，下设经典诵读（灵气阅读章）、数学思维（灵气思维章）、快乐英语（灵气英语章）、综合技艺（灵气技艺章）、体育健身（灵气健身章）等。

"灵秀章"主要围绕"懂礼仪"这一目标设定争章内容，可以结合我校德育分年级行规要求将原有的棋棋章的内容融入进来，即："灵秀礼仪章"、"灵秀友爱章"、"灵秀诚信章"、"灵秀进取章"、"灵秀自信章"。

"灵巧章"主要围绕"勤动手"这一目标设定争章内容，可结合一些体验类的活动进行规划。例如："灵巧实践章"、"灵巧探究章"、"灵巧创新章"等。

"灵通章"主要围绕"善合作"这一目标设定争章内容，可以结合中小队活动进行规划。下设："灵通牵手章"、"灵通服务章"、"灵通分享章"。

温馨提示

在争章活动中,我们特别强调,雏鹰争章活动的目的是要让少先队员在争章活动中体验成功,在选章、争章、达标的过程中,不断激励自己;在自我评价中,实现自我超越。因此,我们所定的校本特色章是队员潜力范围内的,这样,他们在雏鹰争章活动中就会非常有信心,争章时也更加积极。

第三节　积分制评价的耐力

学生的核心素养是在学校综合活动和评价中逐步养成的。评价内容及方式是学校评价体系自我构建的重要问题。

一、建立保障落实的评价机制

1. 成立机构,明确职责。成立全员积分评价领导小组,由学校主要负责人担任组长,分管负责人为副组长,成员包括主要部门的负责人。领导小组下设工作小组,负责学生全员积分评价项目的开展,负责建立制度、积分办法、监督检查、积分统计等工作。

2. 制定方案,分解落实。为确保积分制评价项目的有序推进,推动评价实施过程中各项工作的顺利开展,制定《积分制评价实施方案》,方案中明确积分制评价项目的指导思想、评价原则、管理流程、评价步骤、评价办法以及结果的运用等。同时,为确保《积分制评价实施方案》的实效性和特殊性,要求学校各部门结合自身实际情况,制定适合本部门教师团队实施评价的细化方案,明确评价主体的职责,将职责任务落实到人,实行"全员参与"的评价模式。

3. 完善制度,规范管理。规章制度作为积分制评价项目实施的基础,是有效推进全员积分评价的必然手段。通过完善评价制度,进一步规范评价主体的工作,健全激励约束机制,充分调动和激发学生积极性、主动性和创造性。规范积分评价制度及流程,提升学校各部门管理者以及教职工评价能力,促进学生综合素养的不断发展。

4. 建立积分，人人参与。按照公平、公正、公开的原则，采取"自下而上"的方式，由学校各部门召集人员，对积分制评价方法所对应的分值逐条进行讨论，讨论达成共识后汇总形成本部门积分制评价方法初稿，最后送学校积分制评价项目领导小组审定通过，经各部门教职员工确认后，形成了适合自身的积分制评价方法。在日常教育教学工作中如发现评价方法中没有体现的内容，可提出申请报积分制评价项目领导小组经会议讨论通过后，对评价方法进行滚动修编，不断完善和健全。

 案例

马陆小学致力于培养"爱学习、懂礼仪、勤动手、善合作"的小精灵育人目标，创新开展核心素养的"校本化"表达，为队员量身定制的积分制综合评价度量单位——"精灵币"应运而生，这种评价使"一把尺子"变为"多元考量"，力求评价变得更加科学、全面、规范……这也是马陆小学学生评价的"度量衡"。

学校秉承"每一个孩子都是精灵"的办学理念，马小校园就是一个精灵TOWN，通过"陆陆银行"发布可以流通于学校所有教育教学活动中的"精灵币"，以此作为学生综合素养评价手段，学校开发设计了《小精灵成长足迹》校本积分评价手册，以跟踪存档形式进行过程性评价研究。

积分的过程需要学生的全情投入、全身心参与，才能获得技能上的提高、情感上的触动、素质的提升和能力的养成。学校通过积分手册《小精灵成长足迹》落实积分过程，让积分的过程真正成为实践教育的过程。

1. 积分评价有载体：不断创新活动的形式，让积分评价活动与学校各类主题教育活动、节庆活动等有机结合。如与学校的"阅读节、艺术节、科技节、体育节、精灵节"五大节相结合；与校外的红领巾实践基地活动相结合，灵活多元的评价方式必然受到队员的欢迎。

2. 积分评价有时间：积分的获得都需要一段时间的积累，有一个周期，而不是将积分过程简单化，避免了"参加一次活动就得到一个积分"的现象。有的积分过程融入平时的教学工作中,把学生平时举手回答问题、正确完成作业的情况等学科素养作为积分达标的要求,为积分活动赢得充裕的时间。

3. 积分评价有训练:在积分过程中有严格的训练和培训,特别对于技能性、专业性较强的项目,需要聘请专业技术人员作为指导员,对学生进行训练和辅导。有时候一位老师专门负责一个项目,提高训练水平,让学生在积分的过程中有收获、有提升。

4. 积分评价有体验:通过鼓励学生写日记、收集资料等多种形式,记录积分足迹,引导学生在积分过程中感悟、体验、展示、交流、分享,充分发掘积分评价的教育价值。如制作"角色岗位体验卡",以图片、格言、童谣等喜闻乐见的形式,记录下自己参加活动的情况和体验感受,将自己的经历、探索、发现和同学们共同分享,引导学生自觉自愿地总结个人成长和活动收获,进行自我探究,实现自我教育。

图5-3 活动展示

二、实现长期激励的评价效应

20世纪40年代美国心理学家马斯洛在《人类激励理论》论文中提出了人的需求层次论,将人类的需求分为五种,分别是:生理需求、安全需求、社交需求、尊重需求和自我实现需求。在马斯洛看来,人类的这五种需求像阶梯一样从低到高,按层次逐级递升。一般来说,某一层次的需要相对满足了,就会向高一层次发展,追求更高一层次的需要就成为驱使行为的动力。传统评价模式往往忽视了人的需求不断向高层次发展的规律,短期评价无法产生长期激励的效果。积分制评价就解决了这一问题。

积分制评价就是用积分对学生的能力和综合表现进行全方位量化评价。以积分来衡量和反映学生的综合表现,从而达到激励学生的主观能动性,充分调动学生积极性的目的。

积分制评价能够最大限度地调动学生的主观能动性,锻炼学生的耐力。当学生的总积分排名与所在班级的各种荣誉无缝链接后,每一分的价值就得到了充分体现。因此,学生必然会重视平时的每一分积分,自觉在学习和生活中通过各种渠道挣积分。比如,在学校高效优质地完成老师布置的作业、主动接受临时性的任务、积极参与学校组织的各项活动;在学校团结友善、乐于助人;在家庭孝敬长辈、主动承担家务劳动等。学生通过挣积分,在不知不觉中培养了自己的好习惯,自身素质得到了不断提高。

传统评价往往只是体现对学生某一阶段表现或是做某一件事的评价与反馈,在短期内可能会起到一定的激励作用,但缺乏长期效应。而积分制评价将学生的每一积分都累计到总积分中,且学生的积分永不清零,这最大限度地满足了学生的价值需求,实现了长期激励的评价效应。

第四节　赛事性评价的功效

评价开发与实施中,我们充分考虑学生的不同需求和个性差异,满足学生多样化的需要。以激励和促进学生正确认识自我,选择个性潜能发展的独特领域和生长点,促进学生主动参与,丰富体验。通过主题活动,培养和发挥学生的个性特长,引领学生提升人文素养,激发科学精神,在全面发展的基础上,激发对校园生活与学习的兴趣,形成积极的学习情感、正确的集体意识、充分的协作能力。

一、校园"自制力"与"自治力"的考验

提到赛事,我们的第一反应是结果的胜负。事实上,除了胜负,我们更应该关注的是什么呢?学校将各类赛事以课程的形式与活动相结合,带给学生们一种与众不同的经历体验背后的成长与升华。

比赛既是学生们展现自己的舞台,同时赛事课程的赛事性评价也是对学生综合核心素养的重要考评。常规赛事课程主要以过程性评价和期末技术测试为主。而学校的赛事性评价课程还考量学生们的参与度及贡献值。同时,学生的参与度及贡献值不局限于参赛选手这一角色,担任领队、队医、裁判等职务的同学同样具有参评资格。经过一段时间的学习与训练,小小裁判员、记分员、计时员以他们的专业性判断为比赛提供强有力的保障和支持。可以说这不仅是一场考验规则意识的"自制力"赛事,也是一场传承未来学校精神的"自治力"赛事。

二、经历体验背后的成长与升华

通过课程的形式来举办赛事,能够真正令学生们体验到一个个赛事项目的始末,让他们充分发挥所学、所长。对学生而言,这不只是技能上的增长,更多的还有意志和精神的成长。我们期望通过这样一种具有仪式感的形式,在教学实践中提高他们基本能力的同时,也拓展并提升他们对与赛事活动的组织、协作及创新能力。学生的团队协作可以增进集体的荣誉感和凝聚力,也会让学生在这样的赛事项目下形成对某一个或几个项目的终身学习、终身参与的理念。

 案例 1: 阅读节方案 ────────────────

马陆小学阅读节方案

活动宗旨

通过阅读节活动,旨在激发师生阅读兴趣,引领师生走进文本,闻香品书,与经典

为友,与博览同行,开拓广阔视野,促进师生个性和谐发展,让马小的每一个孩子随手拿书,随处读书,让"阅读明星"带领我们常态阅读,让琅琅的书声成为校园美妙的旋律,是马小阅读节活动的愿景,同时通过阅读节活动,进一步弘扬"亲近自然、纵情书香、涵养气质"的学校文化特色,着力打造书香校园,为师生完美的人生奠基。

活动主题

领巾勤博览书香润童心

活动口号

让阅读成为一种习惯

活动安排

一、书香满校园

1. 启动仪式。升旗仪式举行阅读节启动仪式:升阅读节节旗,赠书活动。

2. 线上培训。线上阅读平台操作使用学生培训,线上阅读平台的发布和介绍,当当人偶和学生现场互动。

3. 好书推荐。校园广播每日播报增加好书推荐栏目。

4. 名句欣赏。电子屏幕滚动播放有关读书的经典名句。

5. 文化布置。完善班级图书角和校园走廊小书屋的建设和使用,做好环境布置,在班级和学校中营造浓郁的读书氛围。

6. 板报设计。各班出好一期以"领巾勤博览书香润童心"为主题的黑板报,并拍一张照片上传至德育工作部相关文件夹参与评比。

二、师生勤博览

(一)做贤能的教师——教师阅读系列活动

1. 线上阅读平台操作使用教师培训。

2. 一至四年级各班语文教师登录马陆小学阅读平台进行学生阅读的线上指导与评价。

3. 博览群书取路名。每位教师根据学校文化为学校的四条主干道取四个路名,要求四个路名能够成一个系列,例如:"精×路精×路精×路精×路"、"勤×路勤×路勤×路勤×路"等。

(二)做贤善的学生——学生阅读系列活动

1. 达人挑战。"红领巾国学达人"网络挑战赛

2. 百花齐放

表5-1　马陆小学阅读节活动一览表

年级	活动内容	具体要求	时间地点	工作人员
一年级	"亲子阅读"——"故事妈妈"进校园活动	1. 班主任向1~2位家长发出邀请,以家长亲自来校进班讲故事的形式开展。 2. 要求家长根据故事人物内容适当准备头饰等道具,讲故事的过程中能与整班学生进行互动,如可以猜猜故事的题目、结尾、情节…… 3. 各班将故事内容和活动照片两张以"班级+某某学生妈妈"命名上传至德育工作部相关文件夹中,学校将对各班"故事妈妈"进行表彰、授予称号。	晨会(育英校区一年级各班教室)8:00~8:15	巡视:徐琴　林青 摄影:各班班主任
二年级	"书海絮语"——"精灵小书签"设计制作赛	1. 由各班主任进行自制书签的动员及指导,学生明确制作要求:书签力求设计新颖,富有创意,装贴精美,并附以名言或座右铭,融趣味性,教育性,实用性于一体。 2. 各班上交五份作品至德育工作部参加评选,学校择优进行作品的展览。	樱花校区教工之家	评委:顾剑张彩萍朱德璟赵青岚严国标
三年级	"人物秀场"——"书中人物现场秀"表演赛	1. 用表演的形式演绎书中印象最深的环节、最受感动的人物、故事等(可以对故事进行改编、续编)。 2. 服装、道具自备,表演内容的电子稿与演员阵容,提前一周以班级名命名上传到德育工作部相关文件夹。	樱花校区大会议室 12:15—13:30	评委:顾剑陈玲芳孙爱华俞静峰朱东方冯苗娟汤惠萍谢莴萝摄影:党映婷
四年级	"经典传唱"——"童心向党"红歌演唱赛	1. 以班级为单位,参加红色革命歌曲演唱比赛。 2. 服装统一,伴奏自备,提前一周将演唱材料和伴奏音频文件以班级名命名上传至德育工作部相关文件夹中。	樱花校区大会议室 13:45—15:00	

年级	活动内容	具体要求	时间地点	工作人员
五年级	"墨海飘香"——"精灵手抄报"设计制作赛	1. 学生在老师或家长的指导下,收集有关报刊小资料、经典的名言和读书的心得体会等,制作读书手抄小报。 2. 要求8开单面,各班上交五份作品至德育工作部参加评选,学校择优进行作品的展览。	樱花校区教工之家	评委: 顾剑 张洁(女) 徐玉霞 卢燕 朱建

三、表彰展成果——举行阅读节闭幕式

(一)阅读成果表彰

1. "书霸聚集地"(集体、班级)——依据活动、比赛中的获奖情况;图书室借阅流通率;线上阅读平台参与情况进行综合评价。

2. "阅读小达人"(个人、学生)——依据活动、比赛中积极参与、获奖的情况;图书室阅读排名;线上阅读平台参与情况进行综合评价。

(二)阅读成果展示

1. 优秀的"书中人物现场秀"和"童心向党"演唱节目。

2. 利用橱窗、展板等形式展示阅读节系列活动成果并作活动总结。

 案例2: 体育节活动方案

我运动我健康我快乐
——马陆小学"小精灵"体育节活动方案

活动宗旨

通过开展学校"小精灵"体育节活动推进学校体育工作的发展,建设健康向上的校园文化。培养学生合作、自信、勇敢、公平竞争和团队意识等良好品质,体验参与的乐趣,享受成功的喜悦,树立"健康第一"的思想以及终身体育锻炼的意识。

活动主题

我运动我健康我快乐

活动口号

每天运动一小时,快乐学习每一天。

活动主题及组织形式

本届体育节以"我运动我健康我快乐"为主题,大力推广实施快乐体育、大课间体育活动,开展低年级亲子运动会、中高年级的"小精灵"运动会以及小精灵体育漫画、小精灵体育摄影、小精灵体育小故事等活动形成学校体育文化的氛围,使学生充分享受运动带来的乐趣,积极展现健康向上的风采。以班级为单位,形成人人参与、人人共享的良好氛围,体验参与的乐趣,收获成功的喜悦。

体育节活动过程

一、筹备宣传与报名参赛

1. 组织筹备宣传:讨论活动方案,确定体育节有关事项(比赛项目、体育节相关主题文化征集讨论等),通过校园网、学校广播进行发动与宣传,向师生宣传体育节有关活动安排。

2. 报名参赛:各班级按要求组织学生填写好报名表,并按规定时间上传报名表(体育组负责组织,抓好落实)。

二、组织实施与具体安排

1. 开幕启动:在升旗仪式后举行马陆小学"小精灵"体育节启动仪式,同时在仪式过程中颁发马陆小学十佳"排球小将"、十佳"体育小达人"相关奖项。进一步激发全校师生对学校体育的重视,真正实现人人参与、人人共享的学校体育氛围。

2. 组织与竞赛:

(1)马陆小学育英校区一、二年级家长与学生的亲子运动会,以三个团体项目为主。

(2)马陆小学樱花校区"小精灵"运动会。

(3)开展"小精灵"体育漫画、"小精灵"体育小故事、"小精灵"体育摄影活动。具体如下:

一、二年级:"小精灵"体育漫画征集。学生把对体育活动以及与父母一起在亲子运动会上的参赛情景用手中的画笔描绘出来,美术老师和班主任老师进行指导。

三年级:"小精灵"体育摄影作品征集。学生用手中的照相机或者父母的手机抓拍生活中、校园中人们参与体育锻炼体育活动的画面,画面的人物可以是自己的家人,也可以是自己的同学和老师,也可以对本次小精灵运动会进行画面的记录。

四年级："小精灵"体育小故事征文。学生用手中的笔来记录自己或者家人同学老师在参与体育锻炼、体育活动中发生的小故事,例如那些感人的、有趣的、有纪念意义的、令人深思的小故事。

三、体育节活动奖项设置

1. 体育节中的竞赛,单项比赛的前六名,以年级为单位团体总分的前三名。一二年级的亲子运动会设一、二、三等级。

2. 体育漫画、体育摄影、体育小故事以年级为单位设一、二、三等奖(邀请学校相关学科老师对征集的作品进行奖项评定)。

3. 体育节结束后组委会将以年级组为单位评出本次体育节小精灵最佳团队组织奖、小精灵最佳参赛奖、小精灵体育小达人。

四、马陆小学"小精灵"体育节闭幕与表彰

1. 展风采、亮英姿:体育节闭幕并对体育节上获得的优秀个人和班级团体进行表彰与颁奖。

2. 展成果、添色彩:各项征集的获奖作品将在校园内进行展示。

备注:本方案未尽事宜由体育组具体通知和落实。

 案例三: 科技节赛事方案

精灵创新　放飞梦想
——2016 年马陆小学科技节活动方案

一、指导思想

根据上海市嘉定区科技教育工作指导思想,积极推动我校科技活动的蓬勃开展,培养学生的创新精神和实践能力,让学生体验科学的魅力,提高学生的科技素养。

二、活动目的

为了丰富校园文化生活,发展学生个性特长、培养学生创新能力,树立学科学、爱科学、用科学的理念,特举办 2016 年马陆小学科技节活动。

三、活动主题

精灵创新放飞梦想。

四、活动内容

表 5-2 科技节系列活动一览表

序号	活 动 名 称	活动参与负责	活 动 时 间	活动范围
1	科技节启动仪式	徐琴	5 月 16 日	全体师生
2	观摩科创视频	周颖	5 月 16~18 日	一、二年级
3	"放飞梦想"科幻画	朱德璟	5 月 16~25 日	一、二年级
4	"小精灵创客"DI 大赛	李淑丹	5 月 19 日	三、四年级
5	"精灵翔翔"航空模型比赛	李正荣	5 月 18 日	三、四年级
6	"梦想崇拜"科学家故事	陆青	5 月 16~26 日	全体师生
7	科技节总结表彰	徐琴	5 月 27 日	全体师生

附各项科普活动子方案：

表 5-3 马陆小学 2016 年科技节活动方案

活动主题	活动时间	活动目的	活动内容	参加对象	活动要求	活动地点	活动时间	奖项设置	负责参与(★为负责人)
科技节启动仪式	5 月 16 日	启动科技节活动，宣传科普知识	启动、聘任、宣传	全体师生	利用升旗式举行启动仪式	樱花校区大操场	大课间		★徐琴、严玲栩
观摩科创视频	5 月 16~18 日	感受科技创新给人们生活带来的变化与影响	观看科技视频	一、二年级	提供给各班班主任晨会观看	育英校区各班班级	晨会或午会		★周颖、顾凯婷、李淑丹
"放飞梦想"科幻画	5 月 16~25 日	畅想科技进步对未来生活的改变	绘画作品	一、二年级	(1)规格：8开纸；(2)内容：畅想未来科技世界，具有丰富的想象力、色彩丰富、饱满；(3)表现形式：国画、水彩画、水粉画、蜡笔画、粘贴画等；(4)班级全体参与，每班挑选 2 幅优秀作品。	各班教室	5 月 23 日前	按年级组设一、二、三等奖	★朱德璟、顾凯婷、严国标

活动主题	活动时间	活动目的	活动内容	参加对象	活动要求	活动地点	活动时间	奖项设置	负责参与（★为负责人）
"小精灵创客"DI大赛	5月19日	拓展思维，开发智力，将科技运用于生活	DI限时比赛	三、四年级	(1)规格：以班级为单位，每班5名同学；(2)表现形式：限时挑战；(3)评定：评委观察，按得分点计分。	樱花校区四楼大会议室＋多媒体教室	中午12:10～1:00	按年级组设一、二、三等奖	★李淑丹、周颖、彭家泉、张薇、宗晓云、王高明、朱成岗
"精灵翔翔"航空模型比赛	5月18日	激发兴趣，开发智力，启迪创造意识	手掷、橡筋模型飞机比赛	三～五年级	(1)每班推选2名学生参加比赛；(2)表现形式：模型飞机直线时间或留空时间；(3)评定：评委算时，按飞行时间记分。	樱花校区大操场	下午第一、二节课	各年级设个人一、二、三等奖；年级组团体奖。	★李正荣
"梦想崇拜"科学家故事	5月16～27日	激发学生热爱科学	讲科学家故事	全体师生	利用中午时间讲科学家故事	樱花校区育英校区	每天中午时间		★陆青、顾祯珍
科技节总结活动	5月27日	总结活动、表彰优秀学生	总结、颁奖、表彰	全体师生	利用大课间举行总结活动	樱花校区大操场	大课间		★徐琴、俞静峰、朱东方

第五节　站点式评价的价值

让每一位儿童拥有选择、实践、体验的评价平台，综合一切可利用资源，打通间隔，即时实现多种教育力量的汇聚，让评价效应实现教育力量的综合融通。

一、记录站点中的每一个状态

为触发评价的"即时"效应，我们开展"站点式"评价。即在一个站点结束后，获得

"站点签证章"，通过本站体验，谋划下一站点的学习。站点式评价记录学生在活动中参与体验的每一个状态，不断激励孩子们期待进入新的下一站学习。

二、为下一站更好的自己而出发

（一）行前站点

目的：行前站点主要是组织学生了解活动，需要重点考虑信息提供的多样性和趣味性等问题，以调动学生在有限的时间内真正了解活动的特点和文化内涵。

教师指导评价要点：主要围绕指导方式和内容进行评价。要求方式多元，能够调动学生积极性，如通过讲座、视频、网站、学生作品等方式了解知识及知识的形成过程。

学生学习评价要点：了解知识要点；知道知识脉络及形成过程；明确自身需要关注的重点。

学生学习的评价方式：可以通过学生的学习状态、学案学习、学习任务规划等进行评价。

（二）行中站点

目的：行中站点主要是以学生为主体开展多种多样的活动（以体验式活动为主），在活动中体验，在活动中建构，在活动中育人。

教师指导评价要点：活动形式与场馆资源和环境的契合度，活动内容指向目标，活动方式有趣；能够观察学生状态，适时进行指导。

学生学习评价要点：多感官观察、感知情境；识别和辨析情境中的多种信息；理解情境中的各种信息及关系，提出问题，并探索解决问题的相关信息。

学生学习的评价方式：可以通过学生的体验状态、参与程度、是否提出有价值的问题、学案学习等进行评价。

（三）行后站点

目的：行后站点主要是依托学校课堂教学对体验进行整理形成经验，建构概念、观点的阶段，要对体验活动进行回顾、梳理和反思，是深度学习，使活动的价值深化提升，将课内外两个课堂贯通。主要包括两个部分：对经验本身进行概括与提升、对学习过程与结果进行评价。

教师指导评价要点：用适当的形式激活学生的体验；组织不同经验的深度交流；诊断并指导学生完善自己的经验；构建学习过程与结果的评价标准；比较不同价值观做出归纳和总结，适切指导学生的评价。

学生学习评价要点：对信息进行梳理，形成观点和作品；分享自己的观点和作品；吸纳他人的观点和作品，完善自己的经验；依据标准对自己和他人做出适切评价；对评价标准能够提出个人见解。

学生学习的评价方式：可以通过学生的作品、交流表达、参与程度和学案学习等进行评价；可以通过学生的交流表达、参与程度、对标准修改完善的重要贡献度进行评价。

(四) 应用站点

目的：应用站点主要是学生将所学对接生活实践的尝试阶段，在尝试过程中，学生会进一步丰富和完善自身的经验和知识图式。

教师指导评价要点：适时指导学生的应用。

学生学习评价要点：将自己的经验应用于新的情境；有意识地进行思考，进一步完善自己的经验。

学生学习的评价方式：可以通过学生的实践参与、交流表达、学生作品等进行评价。

 案例 —————————————————————————————————

茶园中的站点评价

站点目标：能够说出绿茶的相关知识（起源、分类、功能），并能掌握茶叶采摘的正确方法与技巧；学会采茶、选茶，通过观摩制茶，掌握制茶的三个步骤（杀青、揉捻、整型和烘干）。通过实际练习增进对中国茶文化的兴趣。

站点内容：

1、获取间接经验站点评价：知识讲解：茶叶的相关

茶叶的起源、茶叶的种类，茶叶的栽种、茶叶的维护，茶叶的季节变化和茶叶的采

摘过程。

2、获取直接经验站点评价:先分组体验、后集中体验

放大镜观察茶叶样态——发现问题采摘茶叶实践。

劳动成果收集,称重,教师小结。

3、整理经验站点评价:集中学习

专题一:食品安全与健康、绿色环保

站点评价路径:提出问题—头脑风暴—设计—分享—深度研究—再分享

探讨的问题:茶叶上的小黑点是什么?(茶茸毒蛾,属鳞翅目,毒蛾科)

如果你是茶农,你会怎么办?(药物消毒)这是否涉及食品安全问题?

如何做到绿色环保有机茶叶?你有什么办法?(引进鸟雀进行治虫)

专题二:工作态度

站点评价路径:数据计算—比较—谈感受

数据事实:采摘一万个茶头是一斤,三斤新鲜的叶子能够炒制一斤干茶。在称重量时有的小组8个人,四十多分钟才采摘430个茶头,一个人一分钟才采摘约14个茶头,正常的成年人一个上午四个小时,能采摘一斤茶叶。

谈感受:有的同学说天气很热,很晒,我采了一会儿,腰很疼。茶农采摘一上午,四个小时重复着这种机械工作。有的同学说农民一个人采摘比我们四十几个人采得都多,说明我们的工作效率很低。我们在采摘的时候有时喝水、上厕所,有时在追逐玩耍,没有农民工作认真。有的学生说之前的课程我们也说茶农不容易,比较空洞、没有事实的依据。现在有了直接的数字对比,能够亲身体会到采茶的不容易。

专题三:传统工艺与中国茶文化

站点评价路径:学生介绍—探讨

探讨的话题:中日茶制作工艺对比;中国传统茶艺的精妙;茶艺的美

4、应用阶段站点评价:自由学习

布置任务:请结合采茶课程,以上三个主题任选一个,写一篇研究性学习报告。

温馨提示

本案例基本体现了站点式评价的特点,有情境性的茶园现场,有学生茶园采摘和观察、称重的直接体验,有交互式的学生互动评价,有深刻的情感体验,是对"直接经验+反思"这一体验式学习评价的较好诠释,体现了站点式评价的综合性质。方式多

样的评价，符合体验式学习组织交流、分享经验的内在要求，内容与课程目的关联紧密，能够引领学生进行深度学习。学生的学习效果明显，体验了学习方式的多样性，包括观察、查阅证据信息、问题发现、问题探究、动手操作、对比感悟、自主建构观点、分享表达。同时也体现了学习的深度，学生的探究是针对性很强的困惑解决、问题解决，学生的体悟和对体验的评价是非常真切感人的。

其他站点式评价案例

学校的站点式评价活动采用"一周、一天、一主题、一活动"的实施模式。

一周即指：活动模式是一周集中进行。每一学期，以年级为单位，用一周的时间来学习"五色风马探究体验周"全部活动课程。这个一周是全部停课来进行活动课程的，那么时间哪里来，就是把整个学期的少先队活动课时间集中起来利用了，这个也符合上海市中小学课程规划纲要的"可以集中化学习"的方针。

一天、一主题即指：在一周的活动课程中分为 5 个一天，以一天为单位进行一个主题的课程活动，例如：周一是"家政类"活动：当家小电工（为男生准备的课程，学习电的起源、做做发电小实验，倡导节约用电和安全用电）、乐扣乐扣（为女生准备的课程，学习缝扣子、用针线制作纽扣拼图）、我爱厨房、习礼茶舍；周二是"文学与艺术类"活动：HUI阅读、棋品人生、参观艺术人文馆和交通馆；周三是"创意与科技类"活动：帆布包制作、乐高机器人、参观无线电馆；周四是"健康类"活动：健康护理、牙科知识；周五是"文明礼仪类"活动：礼仪培训、参观生态馆。

一活动即指：每一天的课程，以设计若干个活动来开展，让队员在活动中学习技能，拓展思维，并培养团队合作精神。

"五色风马探究体验周" 课表		周一	周二	周三	周四	周五
上午	8:15—9:37	开营式	HUI阅读	帆布包A 机器人B	健康护理	礼仪培训
	9:37—10:20	大课间活动、晨会				
	10:20—11:47	男生课程：当家小电工 女生课程：乐扣乐扣	棋品人生	帆布包B 机器人A	趣味讲座（银行存款理财、牙科知识、）	短途游学：嘉一中（生态馆）
	午间休息					

午间休息		周一	周二	周三	周四	周五
下午	12:50—13:50	我爱厨房A 习礼茶舍B	快乐活动日	短途游学：艺术人文馆（孔庙）交通馆	短途游学：迎中（无线电馆）中光（陶艺文化馆）	12:50—13:25 班会分享
	14:05—15:05	我爱厨房B 习礼茶舍A				
	15:20	三年级放学 四五年级晚托			放学	放学

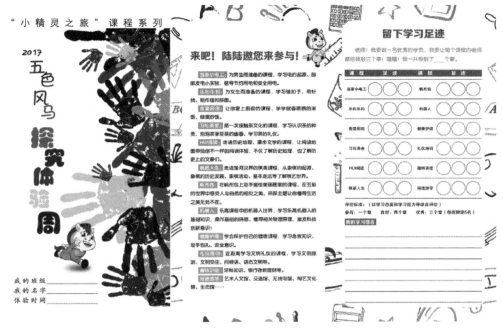

图 5-4 "五色风马探究体验周"课表

第六节　证书式评价的魅力

　　评价要实现校内外一体化。一方面,学校通过评价展示的方式帮助学生进一步回顾、提炼他们在活动中的成长与收获,让学生有一种仪式感以及对活动内容学习的成就感。另一方面,主动邀请全体家长参观展示活动,精心制作孩子活动过程的电视短片,回眸学生成长历程,让家长也身临其境,深刻体会到丰富有趣的活动对孩子成长的推动价值。

一、仪式感成为成长的推动价值

　　证书式评价不是学期期末结束或是比赛结束后的一个总结性评价,而是贯穿于学生整个发展过程,记录学生平日点滴,定期给学生进行回顾与反思的空间,时刻激励学生自省、自律,避免学生只着眼阶段达标的短期效应现象,更立足于学生长足发展的一种评价方式。

学生是评价的主体。证书式评价充分考虑了学生的年龄特点和心理需求,采取学生熟悉的、活泼的、喜闻乐见的评价形式,如"奖状"、"荣誉卡"、"奖牌"等,充分调动学生参与评价的积极性和主动性,增强评价的效果。让"证书"成为孩子们成长的见证,使孩子获得成功的喜悦。

二、创建评价直接有效的依据

证书式评价的结果不仅仅是给家长、学生看的一个等级和话语,它和学生后面的发展结合起来,成为学生下一个阶段的目标或发展起点。证书式评价和学校的各项学生表彰制度挂起钩来,各项荣誉都以证书式评价的结果为最直接、最有效的依据。这样学生才会自觉地将自己的日常行为和证书式评价联系起来,从而提升自己成长的自觉性,同时也能避免学校最终评价结果与学生现实发展状态之间产生的冲突。

证书式评价的建立使评价指标明朗化。由于不同年段的学生会有不同程度的发展要求,即使是相同年龄段的每个学生在相同领域发展依然存在水平差异,证书式评价实施过程中既注重对学生的统一要求,达到基础教育培养目标,还关注学生年龄段的差异和同年龄段内不同学生的个体差异,为学生有个性、有特色的发展预留一定空间。在具体实施中重视学生在本人已有水平上的发展,兼顾不同学生的不同发展起点,注重引导学生拟定出自己的发展目标,即使是同一条内容,也允许不同的学生有不同的水平要求,以促进学生在原有的基础上实实在在发展。如作业完成:这一评价标准,有的同学作业完成了,就可以获得奖励,而有的同学目标是"学会自我检查、争取连续三次全对"才可获得奖励。再如让同学们比赛朗读,对一个平时说话都吐字不清的孩子来说,读的过程中能够读流利,没有错字,没有重复,就已经是很高的标准了。总之,承认学生在发展过程中的个性差异,允许其以不同的速度发展,充分关注学生在评价中的最近发展需求和发展的现实条件,才能帮助学生认识自我、建立自信、逐步提高。

证书式评价,班主任不是拥有唯一评判权的评价者,学生本人、家长、学科教师等都应该成为整个评价中的多元主体,改变过去评价被动单一的状况,发挥学生在评价中的主体作用,证书式评价是教师、学生和家长多方共同参与的交互活动。根据不同的评价指标,不同的主体可以拥有各自的评价权。如"外语风采"英语老师就成为评价主体了,而"家长评价"一栏中,家长为评价主体。

 案例

　　小学阶段是培养学生养成良好行为习惯的重要时期,马陆小学围绕行规礼仪每一个年级确定一个主题:

　　一年级:见面礼仪,主动问好,我们通过评选"微笑精灵"给予奖励,倡导队员会微笑、常微笑,形成彬彬有礼、亲善近人的队员形象和品格,利用十分钟队会和班队课,大家一起说说身边的微笑人、微笑事;

　　二年级:卫生礼仪,整理内务,我们倡导队员自己整理书包,自己清理课桌,合理安排桌肚空间,"整理小卫士"也在活动中不断涌现;

　　三年级:形象礼仪,大方得体,我们从仪容、仪表、仪态三方面引导队员,倡导穿着得体,交谈大方,形成"坐如钟"、"站如松"的良好习惯;

　　四年级:行规礼仪,文明休息,我们倡导下课十分钟,走路轻轻的,说话小小声,让校园有序儒雅;

　　五年级:社交礼仪,知书达理,注重培养孩子交际情商,倡导队员在与人交际的过程中能够情智共生。

　　学校根据队员情况,实施证书式过程性评价,每日晴雨表用紫、粉、绿三色葡萄记录着各中队一日综合表现,并施行一周一项目,一周一反馈制度体现于证书评价之中,同时对表现优异的集体和个人采取一月一评价,一月一表彰。学生在上述每个环节都可以得到来自班主任、任课老师、家长、社区,甚至同伴的评价和奖励。

　　我们尽量让评价指标显性化,根据这些指标对学生进行逐项评定,在学生表现突出时用适时的奖励给予肯定,就能避免评价的空洞和流于形式,引领教师全面关注学生日常发展状态,引导学生自觉地将评价与日常行为表现联系起来。

　　学校每阶段评选"精灵之星"、"智慧小骏马"、"奋进小骏马",证书式评价直接与学校的"阅读节、艺术节、科技节、体育节、精灵节、德育节、教学节"等无缝对接,评选"阅读明星中队"、"阅读小书虫"、"棋棋小能手"、"艺术小明星"、"生活小达人"、"体育小健将"、"科技小院士"等,小精灵们在多元的证书式评价中收获成长。

  总之,构建聚焦儿童成长评价体系的核心理念就是一切为了学生的发展。评价不单是教育过程结束时鉴别、筛选学生的手段,它更应该是促进学生发展的有效手段。每位学生都具有不同于别人的先天素质和生活环境,都有自己的爱好、长处和不足。因此,评价必须立足于为每一位学生提供展示自己的机会,使所有学生都能在原有基础上获得实实在在的发展。评价不是为了检查学生的发展状况或具体表现,给学生下一个精确的结论,鉴定出他们在群体中所处的位置,而是要从对这些差异的分析中去判断存在的问题与不足。发掘适合评价对象发展的教育方法,促进他们的发展和表现,让他们在现有基础上谋求实实在在的发展,逐步达到培养目标的要求,使每一位学生都有可能在原有的基础上得到肯定的评价,促使学生在对自己过去、现在和未来的认识中增强自信,发挥潜能。概括为一句话,评价的根本目的就是为学生的终身学习和发展服务。

  1. 更新理念,发现、挖掘每个孩子的优点与长处。长期以来,从学校到社会,从老师到家长,普遍认为学习成绩好的孩子是好孩子,听话的孩子是好孩子。对于一个问题,老师给出的标准答案是唯一正确答案。这种理念影响束缚了孩子的个性化发展,在某种程度上甚至扼杀了孩子的创造力。《国家中长期教育改革和发展规划纲要(2010—2020年)》明确提出:"树立全面发展观念,努力造就德智体美全面发展的高素质人才。树立人人成才观念,面向全体学生,促进学生成长成才。树立多样化人才观念,尊重个人选择,鼓励个性发展,不拘一格培养人才"。这要求我们必须更新教育理念。每个孩子都有优点和长处,每个孩子都是好孩子,关键在于我们能否发现孩子的优点,我们能否挖掘孩子的长处,我们能否根据每个孩子的特点因材施教。我们要使教育面向全体学生,使每一位学生都能按照适合其发展的方面去发展。我们要带着欣赏的眼光去看每一位学生,发现每一个孩子的优点和优势,因势利导,"不拘一格育人才"。

  2. 改变方式,充分发挥诊断性评价、形成性评价的作用。在学生评价体系中,终结性评价除了能够用于评定学生表现、对学生进行反馈外,还能对学生的技能和能力进行证明，并能确定随后教学的起点，确实有着独特的重要地位。但是，仅有终结性评价还远远不够，必须充分发挥诊断性评价、形成性评价的作用，才能改善和优化教育教学过程。通过诊断性评价检查学生知识、能力准备情况，制定合适的教育教学方案。诊断不限于辨认学生的不足或问题，还包括对各种优点和特殊才能的识别。使教师了解学生，并针对不同学生的具体情况因材施教，从而使所有学生都得到最充足的帮助，使每一位学生都可能在自己的基础上得到肯定的评价。通过形成性评价检查学生的发展状况，及时了解学生发展过程中的问题，强化、调节和引导学生朝着预定目标发展。只有充分发挥诊断性评价、形成性评价的作用，才能使我们的教育满足不同学生的学习需要，并使每一位学生的优势和潜能得到充分的发展。

3. 提高品质，使质性评价与量化评价相结合。在学生素质结构中，大部分都具有内在性、模糊性的心理因素，如创新精神、实践能力、心理素质、学习兴趣、情感体验、价值观等，想用精确的数值描述这些模糊现象，是不可能的，也是不可取的。因而近年来，质性评价成为世界各国所倡导的教育评价方法。学生成长记录袋评价、表现性评价、情景测验、行为观察等质性评价方法已得到普遍推广和运用。但是，我们强调质性评价并不是否定或排斥量化评价，实际上，质性评价与量化评价各有特点和优势，也都同时存在着不足。因此，我们只有将质性评价与量化评价相结合，并在实施时根据评价的实际需要合理运用，才能达成最佳评价目标，才能有利于学生的个性化发展。

总之，个性化教育是当代世界各国教育发展的趋势，已经成为时代的共识。构建聚集儿童成长的评价体系在实施个性化教育中具有非常重要的意义，而学生评价体系的构建是一个系统工程，需要更新理念、形成共识、整体设计、多方联动。只有这样，才能形成一个有利于个性化教育实施的环境，才能促进学生全面而有个性的发展。

第 六 章

灵致：让学校管理充满智慧

管理是科学，也是艺术，是智慧共生的旅程。当我们以科学的眼光去审视学校管理规律，用艺术的技巧去运用学校管理方法，学校发展总是以她特有的、最美好的姿态呈现在我们的眼前。立足于学校实际，着眼于学校未来，对学校管理来说，适合自己的才是最好的。

教育是崇高的、神圣的,是有规律的。教育是师生共同学习、共同创造、共同成长的过程。教育应该成为师生智慧共生的旅程,学校应该成为师生智慧互动的乐园。学校的优质发展是追求组成学校教育系统的各个环节和要素结构本身的合理性;追求教育教学质量的提高和学校整体办学功能的充分发挥;追求从学校内部挖掘发展的潜力,并以效益和质量为中心,以系统环境输入的充分利用和自身系统诸要素功能的充分发挥为基础。基于此,"小精灵教育"依据南风法则、鱼缸理论、木桶原理等现代学校管理原理,倡导灵致管理,力求体现以人为本的民主氛围和"返璞归真"的生态意境,不仅用经济的杠杆来调整利益关系,还用文化的纽带来调整师生的思想观念,为学校发展提供精神动力和思想保证。

第一节　让管理看得见

日本全面质量管理(TQM)专家司马正次提出鱼缸理论:发现客户最本质的需求。鱼缸象征着企业所面对的经营环境,而鱼就是目标客户。经营者要做的就是先跳进鱼缸,实际深入到用户所处的环境,接触那些用户,学着和鱼儿一起游泳,了解他们所处的环境并真正体验作为一个客户对产品的需求。然后,跳出鱼缸,站到一个相对更高更广的环境中,重新审视分析客户状况,以发现他们最本质的需求。

"鱼缸理论"为我们学校管理提供了一定的借鉴。教育教学日趋理想化,需要高素质的教师队伍。学校管理的科学化和人性化是教师队伍保持良好状态的保障。

一、透明:学校管理看得见

学校管理的公开化、透明化是实行依法治校、加强党风廉政建设和学校民主政治建设的迫切需要,是维护教职工合法权益、调动教职工积极性、发扬民主监督、发挥主人翁精神和创造性的重要保证。新时代呼唤管理的重新定位,要求学校管理理念和管理手段发生相应的变革,创设有利于推进课程改革的氛围。这些年,我校在深化教育改革、创新管理体制等方面作了积极探索。

（一）规章制度透明

建立健全规章制度,使学校管理有序、民主、科学是学校管理追求的境界之一。当下,学校管理要讲究方法、讲究科学,除了通过规章制度管人,还要崇尚以人为本,灵活应变。

1. 制定透明。没有规矩,不成方圆。制度本质上是群体成员共同的价值追求和共同遵守的行为规范,如果制度得不到教师的认可,就成了一纸空文。因此,制度的生成必须是双向互动的,即先由领导班子商讨研究,拟成讨论稿,然后充分发扬民主,针对讨论稿征求教师意见,再根据教师的意见,遵循少数服从多数的原则,修改、出台一套大多数人认可的制度。首先,所定的规章制度应以鼓励教职工、调动教职工的积极性为目的。其次,规章制度应兼顾不同部门、岗位群体的工作特点,协调他们之间的关系。再次,学校领导不要出现暗箱操作,这往往是产生腐败的根源,也是教职工对学校领导猜疑、不满、不信任的基本原因,进而影响教职工的积极性。因此,要增加学校工作的透明度,自觉接受监督,最大限度的让教职工参与学校管理,是调动教职工积极性,发挥其主人翁精神的有效方法。

2. 执行透明。在坚持民主集中制的原则下,全体教职工参与建立健全学校各项制度,完善管理者、教师和学生间民主、科学的运行机制,使各项制度的落地生根体现民主、科学、人文精神,促进学校管理科学化、规范化、人文化,做到各司其责,各尽所能,措施到位,责任到人;形成既分工又协作,既竞争又合作的良好态势,使广大教师成为教书育人的主人,成为学校管理的主人;制定和完善学校发展规划,实现我校教育的发展与提高;制定和完善学校章程,推进我校以人为本、依法治校的法制化过程;完善制度建设,促进我校规范化、科学化管理;提炼与培育学校特色,增进我校个性化、优质化发展;探索与推进校本评价,促进我校健康、可持续发展。

3. 成效透明。学校通过制度设计和管理,努力关心每一位教师,为每一位教师营造自身发展空间,搭建施展才华的平台。在学校管理工作中,充分调动广大教师教书育人的积极性,为学校教师专业发展提供了良好的平台,坚持在政治上引导人,在思想上教育人,在业务上锤炼人,在体制上激活人,在生活上关心人,将教师的发展与学生的发展、学校的发展紧密地联系在一起。根据教师年度考核要求,从考勤、考绩、教书育人、教研进修等方面提出各个岗位具体目标和要求。平时注重进行有序的、全面的检查与考核,及时进行公示,以及时发现先进、督促后进,起到褒优警劣的作用;采取奖励机制,教师平时的表现与每年的"评优评先"、"职务晋升"挂钩。

 案例

加强校务公开,提高学校管理水平

学校领导要想得到广大教师的支持和理解,必须增强学校管理的透明度,将自己的所做所想公布于众,置于广大群众的监督之下。于是,学校将校务会的重大决策及财务收支情况及时向广大教职工通报,阐述了学校各项决策的意图,同时广泛征求教师的意见,接受他们的批评和监督,解答他们对不理解问题的疑问和质询。学校建立校务公开制度,成立以校长为组长,工会主席、分管副校长为副组长,各部门负责人为成员的校务公开领导小组,按照"一把手负总责,谁分管谁负责"的原则,使校务公开工作分工明确,责任到人,形成了事事有人管、处处能落实的良好局面,从而统一了全体教职工的思想认识,加强了校务公开的领导工作。同时,为健全民主监督体制,坚持教职工代表大会(以下简称教代会)制度,召开教职工代表大会,学校重大决策需经教代会审议通过方可实施,校务会要向教代会负责。

强化监督,从严执纪。学校校务采用会上通报、校园网公示等多种形式公开。学校每周都要召开一次行政例会,总结本周的工作,研究并布置下周的工作,讨论学校重大的决策。对校行政会上形成的决议将在全体教师会上通报,听取广大教师的反馈意见;对一些实质性的内容,再用书面形式在校务公开栏上公示。学校的校务公开栏定期公布校内的重大事务、财务收支等情况,并规定每月一次,定期更换。公布的内容为教师所关心的实质问题,不搞形同虚设的走过场。如:教师每月绩效考评的结果,学校教育教学检查的结果,各班级献爱心活动的捐款,每学期的财务收支,开学各年级收费的款项等。另外,学校及时公开重大决策,出台各项新制度事先征询意见,学校新学期奋斗目标都要向校内外公开发布,一系列的公开真正把我校的学校管理置于广大教职工的监督之下,促进了各部门从严执纪。

拓宽渠道,广开言路。校务公开其目的是接收群众监督,关注社情民意,吸纳有价值的建议。为此我们广开言路,虚心接受社会的批评指正,采用了多种渠道来接受社会各阶层的反馈信息,努力拓宽学校与家庭、社会的联系。一是设立校长信箱:广大群众和教师对学校的意见和建议可用书面的形式投递于校长。二是开通校长咨询电话:我们将校长办公室的电话号码公布于众,对咨询或反映问题的电话有问必答,并尽可能给予满意的解决。三是校长接待日:对学校内的不解问题和不满事宜当面向校长陈述,乃至质问,校长必须予以接待,给予答复,不得以任何形式的借口作推诿。四是开办家长学校:开办家长学校,成立家长委员会,广泛征求学生家长对学校的意见。五是全面走访学生家庭:开展"师爱送千家"活动,发动教师利用课余时间对所有的学生进行家访,加强学校与家庭的联系,共同探讨教育孩子的方法。六是恳请退休教师为学校的发展献计献策:从事几十年教育的退休老教师,他们有着宝贵的教学经验,丰富的生活阅历,严谨的思维方式,他们仍是教育界的宝贵财富,因此每年都邀请退休教师召开座谈会,向他们汇报学校工作,虚心请教,听取他们的意见,聆听他们的教诲,由于退休教师已不在职,老教师毫无顾忌,直言不讳地指出学校问题所在,积极为学校发展出谋划策。

(二) 实践参与透明

学校管理制度的产生不是一种想当然的行为,它考虑了学校自身的特点和制度本身的内在特征,是学校成员经过实践协调产生的。学校制度的科学性和适用性主要源于制度本身的合理性与合法性。学校制度的合理性是既要合乎基本的人性,也要合乎教育发展的客观性。学校制度的合法性一方面是指制度的生成必须要获得相关利益群体的认同和接受,另一方面是生成的程序要具有正当性。近年来,学校出台的一系列制度由于针对性强,符合学校需要,有力地解决了实际的存在问题。群众参与性强,全程参与制度制定的过程,体现了"学校是我家"的理念。

1. 决策产生有依据。学校领导班子负责学校重大事宜、教育教学和人事安排等诸多学校工作的决策、监督与管理。如对学校的中层干部的选拔、评聘;组织各级教师评优评先,并进行表决;对教师调入调出进行表决;对教师的外出交流、学习、培训等方面进行表决;对临时、突发性出现的各种重要事件进行表决等。表决结果经校长签字直接生效。

校务会执行严格的工作纪律,保证各种活动正常进行;信守纪律,各类数据不对外公开,各校务委员打分情况不对外公开;本着公平、公正的原则以独立判断进行投票或表决,不受他人影响;认真履行职责,对评聘和表决的结果负责。校务会采取民主集中制,决策一律采用无记名投票方式,只要投票结果超过总人数的半数,表决即算有效,重大问题一经表决,必须服从。

2. 每位教师参与。教职工是管理对象,同时也是管理主体。这是学校管理的出发点和落脚点。为此,我们学校十分重视发挥教代会在学校管理中的重要作用。学校所有大政方针都是经教代会通过才执行。从学校的重大决策到每周的工作安排,不论是大事还是小事,都及时告知全体教师,使校内工作都建立在起点公平公正、程序公开公正上,并让越来越多的人感到结果公正。

(三)品质成效透明

邓小平同志说:"制度才是靠得住的东西。"依靠制度创新和完善学校管理制度是学校发展的根本保障。学校管理评审制度、内审制度、纠正与预防制度、考评制度等和"凡事有程序、凡事有准则、凡事有负责、凡事有检查验收"的制度体系与机制,为落实依法治校、确保学校教育教学质量的不断提升提供了保障,是对传统学校管理制度的突破和创新。

1. 教职工管理透明。只有精细化的教育管理,才能把提高教育质量的每一个环节,每一个步骤和措施落到实处。而精细化管理要注重细节,把小事做细,要想比别人更优秀,只有在每一种常规小事上下功夫。教师大量的教育工作很显然都是在教育常规小事中落实的,怕只怕小事做不好,也做不到位。以"细化的常规管理"检测质量是学校一向奉行的原则。学校班子成员定期或不定期深入各办公室、各学科、各年级进行细化的常规检查。

2. 中层干部管理透明。为充分发挥学校中层干部在学校管理中的作用,全面、公正、客观、准确地评价学校中层干部的政治业务素质和履职情况,真正起到激励、检查和监督作用,提高工作效率和服务水平,每年六月底学校都会举行中层干部述职评议活动。活动内容包括"教职工民主评议、常规工作完成情况评估、亮点工作介绍和自我评价"四方面,采取定性评价与量化考核相结合的方法进行。学校中层干部考核结果不与绩效工资挂钩,但与中层干部的晋升、评优等适当挂钩。

3. 校级领导管理透明。为深化干部任用和管理制度改革,推进校长负责制全面实施,加大对校级领导干部的培养与使用、激励与约束,全面、公正、客观地考核校级领导干部履行岗位职责情况,每年 12 月学校举行教代会,开展校级干部述职述廉活动。考核以校级领导的职位职责和所承担的工作任务为基本依据,全面考核德、能、勤、绩、廉。年度考核结果将存入被考核领导的个人档案,并作为后备干部推荐和评定各级各类先进的重要依据。

二、开放:思想照耀每一个人

知识的快速更新给学校的管理带来了机遇,也提出了挑战,这就要求现代学校必须改变经验式的、封闭式的管理模式,运用集体的智慧,提高应变和创新能力,突出人在有效管理活动中的核心作用。

作为一个管理者基本的管理理念是:读书引领成功,习惯成就未来;抓常规就是抓根本,常规工作的水平体现了办学层次;布置工作 + 不落实责任人 = 0;落实责任人 + 不检查 = 0;检查 + 不反馈 = 0;反馈 + 不整改 = 0;整改 + 不坚持 = 0;抓住不落实的事 + 追究不落实的人 = 落实。学校的管理仅仅重视规范化的制度管理远远不够,还应重视教师的专业技能和学生的心理需要,重视社会的满意度和环境给教师、学生的生活方式、思维方式、思想观念带来的影响。因此,学校的管理要深入"人心",以人的素质的持续发展为本;要调动人的积极性、创造性,促进人的素质的持续发展。知识经济时代应是一种人性化的管理,人的因素必须成为有效管理活动的核心因素,通过有效的学校管理活动促进管理者的自我发展,形成良性循环。

现代的学校不仅是教师教书、学生学习的地方,更是师生精神生命成长的地方。现代学校的管理不仅要关注教师专业水平的发展及学生文化知识学习的情况,还要关注师生在校园的精神生活状态,不断提高师生校园精神生活的质量。校园是师生共同生活的地方,要想教师们为孩子们创造成长的乐园,管理者就必须考虑创造适合教师教育生命发展的乐园,让教师感受到校园生活是幸福的、快乐的。当教师在工作中获得幸福、快乐,他才能输出幸福、快乐;当教师体验到学校在管理过程中以教师发展为本,他才会把这种体验传递给学生。

教育生态的过程是:学校人性化民主管理——教师人文关怀体验——教师热爱学生及良好职业操守——与学生愉快民主的交流——学生喜欢学校生活。

(一) 思想开放

在学校制度文化建设过程中,为了促进制度落到实处,打造高效的制度执行力,更好地生发即时效应,不断地提升后续效应,除了公开民主地订立制度,还要提高师生对制度的认同感和理解力。我们着力加强教育培训,宣传造势,营造氛围,进一步提高学校成员乃至社会各界对学校制度文化的认同感和理解力。虽然学校师生参与了民主订立制度的全过程,但每一个师生对制度的理解力和接受度仍会参差不齐。通过教育培训,营造氛围,让师生更深切地感受到学校制度所要达到的愿景,明确自己的权利、责任,将有利于提高师生对制度的主动执行水平,为学校文化建设和学校发展营造良好的内部环境。如果社会各界能形成对学校制度文化的整体认可,也有利于减少学校在执行中的障碍,为学校文化建设和发展营造良好的外部环境。

(二) 系统开放

学校管理是一个系统。按照系统论的观点,一个系统只有对外界保持适当的开放度,不断与外界进行信息的沟通和交流,这个系统才会充满活力。经济的发展和社会的进步推动了教育的发展,促进了教育交流的日益频繁,增强了教育和整个社会的相互渗透。日益紧迫的形势要求学校管理放眼世界、放眼未来,主动了解学习他人的先进思想和经验,走民主与开放的道路。

信任就是力量。学校要营造"教师是学校最有价值的人"的舆论氛围,引导教师用高尚的人格魅力和学术力量吸引学生;向教师承诺"教师能翻多大的筋斗,学校就搭多大的台",在各方面向优秀教师倾斜,鼓励教师建功立业;将业务管理的权限下放,把创造还给教师,让教师充满智慧的挑战;把责任还给教师,让教师创造性地整合、补充、调整课程;把时空还给教师,让教师将活动与学科教学衔接起来,将学校教育与家庭、社会联系起来。

叶澜教授说过:教育是一项直面生命的事业。要让教师职业生活丰富多彩,就必须鼓励教师自我挑战,追求精益求精。在人事安排上,我校遵循机会均等的原则,冲破任人为上的"晕轮"效应,首先摸清管理对象的性格、经验、工作实际、社会关系诸方面的特征,并倾注于积极的期待,对工作岗位进行申报并公示,最后安排下达教师应分担的任务。

(三)策略开放

学校管理是一门复杂的科学和艺术,需要一定的经验。经验是一个时期的必然结晶与积淀。经济在腾飞,教育在发展,教育环境的变化越来越大,需要学校的管理适应其发展。过去的知识、经验已不能满足现在学校管理的需要,现在的知识、经验也不可能满足未来学校管理的需要。学校管理者要从经验管理中解放出来,加强教育理论和国内外先进思想的学习,研究社会大环境对教师和学生的思想观念、生活方式、思维方式的影响,使学校管理不断创新。

近几年,学校通过"家长开放日"活动,邀请家长来校听教师上课,观察孩子听课,了解孩子的学习情况,了解孩子的学校生活,拉近教师和家长之间的距离,从而更好地互相配合,建立起交流沟通的长效机制。我们还邀请家长来学校给孩子们讲课,让孩子们了解家长们的不同职业特点,吸取各方面的社会经验,家长们也过了一把教师瘾。家长为自己的课做了精心的准备,有的讲完课出了一身的汗,他们也切身体会到做一名好教师的不易。通过体验交流,家长们更加乐于支持学校的工作,学生的眼界也得到了开阔,教师们也在组织活动中加强了和家长的联系。因此,走出去请进来的开放管理是教育适应社会发展,是办好人民满意教育的很好途径。

三、参与:每一个人都是管理者

一所学校,教师既是教育者,又是管理者,教师既是学校管理的对象,又是学校管理的主体。教师不是被动地、盲目地、简单地接受管理,而是积极主动地选择执行和接受学校管理的指令,同时又积极作用和影响学校的管理者。在班级管理中,相对于学生而言,教师又是管理者。教育教学在学校各项工作中处于中心地位,教师是完成教育教学任务的主要劳动者,也是教育教学过程的实际管理者、操作者。学校管理者对学校进行管理,应当树立依靠教师办学,依靠教师管理的思想,合理安排教师,有效执行教师管理职能,建设专业配套、协调配合、结构合理、数量适度,具有较高素质和较强科研能力的教师队伍,这是学校教育兴旺和发达的必由之路。

(一) 了解教师感受,激发工作热情

1. 鼓励教师的进步。学校管理者在建立一个合理的能够激发教师工作热情的管理机制的同时,要拿起激励的武器,学会欣赏赞美教师。人的骨子里最殷切的需求是渴望被人肯定,被人认同,特别希望得到上司的称赞。管理者的称赞可以激发教师的上进心,改变其工作态度,激发其内在的潜能。当教师努力工作取得成绩时,管理者要发自真心地向他们投去欣赏的目光。一句激励的评语,一束期待的目光,有着不可思议的力量,它会使教师的心里充满阳光,会给教师上进的动力,鼓起教师工作的积极性,使他们感受到自身存在的价值。

2. 包容教师的失误。教师在工作中不可避免地会出现这样那样的差错,有的因业务不熟以致不能按要求完成教学任务,有的因教育教学方法不当出现或小或大的教学事故……面对教师工作中的失误,学校的管理者应像洛克菲勒那样,首先要冷静对待,既不能视而不见,也不可惊慌失措,要尽快采取有效措施补救使损失降到最低点。同时,要认真分析出现问题的原因,切不可就此轻易地全盘否定教师的工作。对于出现失误的教师,既要讲原则又要讲感情,如果是由于经验不足、工作方法简单、疏忽大意造成的失误,要尽快帮助他改正。对于那些勇于改革,敢担风险,想干一番事业的教师,应允许他们有点失误,更应多理解,多支持,多安慰,多爱护,用全面、发展的眼光看待他们,不要以一时的失误来抹杀他们的功绩,不要有意无意地提及他们过往的失误,而应当帮助他们正确对待失误,尽快改正错误,启发他们从失误中吸取教训并以此为戒,鼓励他们卸下包袱,重新树立信心把工作做好。

(二) 打造实践平台,引领教师发展

1. 鼓励教师确立并努力实现自己的个人愿景。作为学校管理者,要想方设法唤醒教师的个人愿景,引导他们树立好自己在学生面前的形象,在家长心目中的形象,在全社会面前的形象,让生命焕发光辉。让全体教师为自身规划美好的愿景,需要管理者在学校营造一种积极向上的氛围,为教师成功创造条件,为教师成才搭建平台。学校可以利用校园网站、微信公众号、校园宣传栏,让优秀教师的感人事迹得到传扬,让优秀教师感受到自身的伟大,感受到学校是他们实现人生价值的大舞台。

2. 帮助教师在成绩中寻找问题。有些教师经过努力取得了一定的工作成绩,在家长中、社会上赢来了一片赞誉之后会飘飘然,为此陶醉。明智者却会在赞扬声中镇定自若,从成功中反思不足。管理者要引导教师在成绩中寻找问题,寻找下一步努力的方向。同时,当今教坛名师辈出,竞争十分激烈,竞争的失败是一种危机,而竞争获胜了就停滞不前,会给教师带来新的危机。管理者要让教师强烈地体验到获胜后的危机尤为重要。有了这样的认识,教师才会有动力去不断追求新的成功、领略新的成功体验、实现自己更为美好的愿景,教师的职业生命也才会永远充满生机活力。

我校推出"值日校长"制度,本着为全体师生服务的意识,认真观察,寻找师生中闪光的人和事,发现学校管理中、师生工作学习中存在的问题和不足,并做好详细记录。做一天值日校长很累、很辛苦,从学生进校、早读、课间、出操、用餐、午休、活动安全、离校等各个方面进行监督检查,他担当着"发现—实现—呈现"的重任,实现了"我"很重要,"我"是学校厚厚围墙里一块扎扎实实的"砖"的存在感。学校的发展离不开每个人,让我们每一个人都有主人翁意识,尽心地爱护学校这个家,爱护我们共同的马小。

(三) 构建合作机制　拓展学校管理

学校通过成立家长委员会,发动广大家长积极参与学校管理和教育教学工作,确保家长对于学校教育的知情权、选择权、监督权、评议权和参与决策权,有效增强了学校、家庭、社区之间的沟通和联系。

1. 加强指导,建立完善的工作制度。学校在学生、家长民主推荐的基础上,由班主任根据学生家庭教育情况,推荐产生一些热心教育,具有良好的家庭学习氛围和一定社会组织能力,并愿意为学校教育、家庭教育、社区教育献计献策的家长组成班级—年级—校级三级家长委员会。

经过几年运转,各级家长委员会着力制定和完善有关制度,确保工作规范化、制度化和经常化。建立了 4 种常规制度:一是例会制度,学校家长委员会每学期举行 1—2 次例会,听取校长关于学校工作情况的通报,研究本学期家长委员会工作并制定计划;二是对口联系制度,家长委员会成员根据学校工作实际,分成德育、教育、后勤、家庭教育指导等若干个小组,对口联系学校相关部门进行经常性的工作沟通,并提出一些建设性的意见;三是家长义工制度,本着自愿与量力的原则,由学校家长委员会发动,组织广大家长发挥自身特长优势,积极参与学校教育、教学活动;四是办公制度,确定每个星期半天,由家长委员会轮流值班、驻校办公,内容包括巡视校园、巡视课堂、接待家长来访等。学校还结合本校实际,推行了家长督学制度、家长开放日制度、家长沙龙制度、快乐家庭学习苑制度等,我们将继续充分挖掘家长委员会的内在潜力,实现家校合作共建,促进学校整体办学实力的提升。

2. 创新管理方式,将参与管理落在实处。重视发挥家长委员会作用,主动把家长委员会推到前台,树立家长委员会的形象,确立他们在学校管理中的地位,与学校管理形成合力。

一是知情与参与,包括了解学校年度工作计划和实施情况,了解入学政策、收费规定,参与组织家长开放日活动、家庭教育活动,参加学校与服务行业关于校车、食堂托管问题的谈判等。二是评议与监督,即参加上级部门对本校的教育督导,参加学校对教师工作及课堂教学的评议及教育局对校长的考评,对学校的安全工作进行检查,对学校执行收费政策的监督等。三是参与决策,凡涉及学生和家长切身利益的问题,学校在作出决策之前,必须充分听取家长委员会的意见,包括学校民主管理制度等。

家长委员会在参与学校管理的过程中,积极听取广大家长代表的意见。这些意见和建议一般在校级家长委员会会议上以提案方式提出,由学校及时地给予答复,相关年级或班级再根据提案落实具体措施加以改进,从而更好地促进工作的全面开展。

3. 保护家长委员会工作积极性,形成全员育人。学校充分发挥家长委员会的桥梁纽带作用,发动广大家长主动关心、积极参与学校有关活动,不仅促进了各项活动质量的提高,而且带动了更多家长对于学校发展和学生发展的支持和认同。一大批家长志愿者担当义工,走进课堂,走上讲台,带领孩子们走出校园,走向社会。学校重大活动中,爱好摄影的家长为学生采撷优美的瞬间;少先队实践考察活动中,家长为学校借车提供方便;安全教育宣传周活动中,担任交警的家长志愿者向学生传授道路交通知识,手把手教学生交通指挥手势操;各类探究性社会实践活动中,家长们利用自己的职业资源为学校提供了多方位、多层次的实践探究网点。通过家长委员会的努力,确保了各种教育渠道的畅通和各种教育资源的有效利用,使家长真正成为了学校素质教育的合作者和推进者,初步形成了全员育人的格局。

近年来,我们学校获得了上海市新优质项目集群研究单位、嘉定区新优质联盟主席单位、全国棋类教学研究先进实验基地、上海市安全文明校园、上海市绿化花园单位、上海市红十字示范校、区现代化应用实验学校、区科技特色示范校等荣誉称号。我们在改革中深刻感受到:人是学校发展中最活跃的因子,是学校改革成败的关键,瞄准这一改革"拐点",为教师发展提供专业支持;课程是文化变革的密码,力抓这一改革"重点",为教育改革推出管理创新,学校文化才有源头活水;学生成长是一切变革的归宿,聚焦这一"节点",为学生成长汇集一切智慧,学校才有生命的力量。

第二节　感受管理的温情

"南风法则"也称为"温暖"法则,源于法国作家拉·封丹写过的一则寓言:北风和南风比威力,看谁能把行人身上的大衣脱掉。北风首先来一个冷风凛冽,寒冷刺骨,结果行人把大衣裹得紧紧的。南风则徐徐吹动,顿时风和日丽,行人觉得春意上身,始而解开纽扣,继而脱掉大衣,南风赢得了胜利。

这则寓言形象地说明了一个道理:温暖胜于严寒。学校行政管理人员与教师在行政上是管理与被管理关系,而在人格上是平等关系。采用怎样的管理模式,其结果大不一样。高压式的管理只能束缚教职工的积极性,很难产生活力,只有贯彻以人为本的思想,进行人文关怀,如南风徐来,春暖人心,才能焕发蓬勃生机,增强教师发展的动力。在学校管理中,应运用"南风法则",注重关心教师,尊重教师,了解教师,为教师服务。不仅要重视教师的教育教学能力的提高,而且要关心教师在思想、工作、生活等方面的需要,让教师真正感觉温暖,从而增强上进心和责任感,激发教师工作的内驱力。

一、温暖:制度的温情

制度管理是指主要依靠各种规章、制度和规范进行管理的一种管理方式。陶行知认为,学校规章制度是"学校所以立之大本",是师生"共同的约言"。俗话说:"没有规矩,不成方圆。"学校规章制度是全体师生必须共同遵守的规章、规定和规范,是"中国之治"最基础的内容。它是党和国家各种方针、政策、法律在学校的日常工作、学习和生活等方面的具体体现,是实现科学管理的重要保证。学校建立健全规章制度有助于建立正常的学习和工作秩序；有助于调动师生员工的积极性；有助于学校形成良好的校风。

尽管在科学性和规范性方面制度管理具有不可替代的作用，但从当前学校教育管理的实践来看，如果过多地强调制度管理，会明显地束缚教师的积极性、主动性和创造性，使得学校教育与培养个性化人才目标背道而驰。通过反思，我们发现，要克服当前制度管理存在的明显的人文缺失政策，制度、温情缺一不可。没有制度，管理缺少抓手；没有温情，生活没有滋味，制度难以实施。只有充分地运用好管理制度和温情，才能保证学校充满活力、持续发展。好的学校管理是无制度，又处处皆制度。"无制度"指的是制度已经由墙上深入人心的提示板，转化为师生们的自觉行动；"处处皆制度"指的是师生们的一言一行都渗透着制度的内涵。制度作为一种文化影响、引导着学校师生们的思、言、行。制度入人心是制度建设的最高境界，它更体现了学校管理工作的艺术与追求。学校管理的最高境界是"无管理之管理"，这种管理实际上是师生对学校文化已形成了"文化认同"，已将各种行为规范内化到了自己的思想意识之中，良好的行为成为"不经意间"的自觉意识。

首先，制度建设的过程重视民主参与。学校的规章制度关乎于每个人的切身利益，理应将制定权交给全体员工。一项规章制度如果通过全体教职员工反复酝酿、讨论和修改，就能变成员工"自己的"制度，从而增强广大员工的主人翁意识，调动大家的管理积极性，并能够提高执行制度的自觉性。在马陆小学的学校管理实践中，学校规章制度的制定采取自下而上的方式，制度初稿事先告知每一位员工，由"学校发展议事会"收集汇总各组室群众意见，领导蹲点年级组，召开座谈会听取意见，将这些意见汇总后交行政会讨论，形成意见稿。再次下发意见稿，听取广大教职工意见，作第二次修改。这样经"两下两上"方式，综合各方意见后再提交学校教代会审改。这样的做法改变了教职工由以往的被动接受和遵守为主动参与制度管理，营造了学校发展所必须的人文氛围。

其次，规章制度的内容必须具有人的内涵。翻开学校以往的规章制度我们不难发现，程序性、机械性的条文居多，政治色彩、行政色彩浓厚，缺少人文思想的统领。制度管理重视的是一些"条条款款"，但是当这些"条条款款"制定得太多太细时，它又会越来越束缚人的思想和行为，难以张扬人的个性，使学校变得像一潭无波的水，难以形成学校的特色。这也与教育的根本宗旨—发展人是相悖的。学校管理的核心是对人的管理,是由"管理者→教职工→学生"这样一个人与人之间的关系构成的管理学校,不能单纯理解为管理人、管住人。

再次,人文关怀,充分发挥制度管理的激励作用。在制度管理中,要坚持以人为本,重在激励的理念。我们不难发现,如果在制度管理中过多强调对管理对象的要求和约束,会束缚教师的发展,加重教师的工作负担和精神压力,导致教师职业倦怠感越来越严重。因此,我们力图通过制度建设调动教师的积极性,营造人才辈出,人尽其才的用人环境。如:我校推出的"教师专业发展大培训积分"制度,就是本着激励、鼓励教师积极参与学习,投身教改实践,从而促进学校的发展而制定的。在实际工作中,它鞭策着优秀教师的成长,使教师在自己的教学领域有所建树。科学拨动下级的心弦,给下级充分的权利,放手让下级开展工作,交办一些非常重要的工作,让其感到上级对他充分地信任,从而一直保持工作热情。

最后,规章制度的操作必须具有人文关怀。学校管理有侧重,有的侧重过程,有的侧重结果,如果制度与人文不有机结合,不分轻重缓急,势必造成评价上的不公正,从而激化学校管理中的诸多矛盾。如班主任管理有的过程到位而结果不尽如人意;有的结果较好而过程不是很到位。制度管理是刚性化、原则化的,但人的管理是有情的。我们在管理制度的操作过程中尽量做到充满人情味,采取先打后抚,批评处理在前、促膝谈心随后,这样既体现了管理制度的严肃不可违,又充满人性关爱。

二、融情:人文的关怀

依靠制度,创新和完善学校管理制度是学校发展的基石。制度管理可以帮助教师逐步养成遵守规章制度的习惯,把学校的要求转化成自觉的行为,这是制度管理的优点。而其缺点是面对日新月异的教育发展新形势,有明显的滞后性,人文管理的优势在于它使管理者与教师之间心理相容,形成和谐的人际关系,提高教师的思想觉悟和遵守规章制度的自觉性。"校兴我荣,校衰我耻"的主人翁意识和团结拼搏奋发向上的群体正气,有利于教师的团结,有利于工作的开展,有利于学校的发展。但人文管理一旦宽松过头,又会出现教师纪律散漫,教育教学质量下降的现象。

管理者要与师生相通相融,就必须放弃以管理者为中心的定式,摒弃以训斥、命令、控制、束缚等为标志的刚性管理手段,代之以尊重、信任、理解、宽容、赞赏、激励、参与、引导、沟通、交流、协商，对话、帮助、支持、促进等人性化的柔性管理手段，创造具有亲和力的学校人文生态环境，使师生感受到民主、平等、友善、亲情、鼓舞、感化和帮助，使学校成为让师生兴奋、留恋的地方。因此，我们认为，科学化的教学制度管理是学校人文管理的基石，人性化的人文管理是学校制度管理的升华。用"刚性"的制度管理保障"柔性"人文管理的推行，用"柔性"的人文管理填补"刚性"制度管理缺陷，把制度管理的"刚"与人文管理的"柔"有效结合，"刚"中有"柔"，"柔"中带"刚"，舞动起制度管理和人文管理的两条飘带，才能达到学校管理的理想境界。

 案例

倾情关注　引领成长

提携青年教师，加大青年教师的培养、管理工作，是学校深入推进教育综合改革和发展的根本大计，是保证教育可持续发展的首要任务，是教育工作永恒的主题。在大调研大走访活动中，我们发现目前学校青年教师队伍发展现状总体尚可，但还存在一定的问题。为此，根据马陆小学教育教学现状和未来发展的需要，以"小精灵教育"为核心，落实"给每一颗心灵温暖和力量"办学理念，坚持"笃实、向上、合作、进取"价值取向，以"弘葡萄清新之品，扬骏马奔腾之质"为工作理念，制定青年教师培养计划，拓宽培养渠道，切实加强对青年教师的培养和管理，已成为打造家门口优质学校的重要任务。下面就学校大调研大走访中在青年教师培养和管理方法所作的工作辅以案例分析。

一、现状分析

（一）思想素质方面

学校绝大部分青年教师有良好的职业道德素质，能安心工作，也乐于投入到教育教学中来。有部分青年教师能够从教育教学工作中获得乐趣，对教育工作有感悟。但也有部分青年教师内驱力不强，敬业精神不足，只是把从事教师工作当作一种谋生的手段。

（二）业务水平方面

学校青年教师大多毕业于师范以外的专业，基本功不扎实，知识结构单一，知识面较窄。这些教师大多教学时间不长,教学经验不足,对学科知识缺乏整体把握,对学科知识重难点把握有时不够准确;面对课堂生成、教学机智等,有时缺乏有效的应对方法;由于年轻,缺少人生阅历,与家长沟通缺少一定的方法。

（三）自主性强,协作性不够

从现在的情况看,许多青年教师崇尚独立作战,缺乏群体意识。成就感强,注重自我价值的实现,但"奉献"观念淡薄。大多数青年教师都渴望能最大限度地发挥自己的本能,希望成为一名好教师,但在实际工作中缺乏"久久为功"的思想,缺少苦干、实干、巧干的精神。

（四）教科研方法

绝大多数青年教师教科研素养比较弱,一部分人缺少热情,认为教科研与自己的工作关系不大,只要埋头教好书就可以了;一部分人有热情,但平时不注重学习和积累,发表的东西少之又少,久而久之心灰意冷。显然,目前青年教师的思想观念和实际状况与教师职业的特点、职业要求是不相适应的。要改变这种状况,唯一的途径是加强对青年教师的培养和管理。

二、培养和管理青年教师的对策

根据学校青年教师的现状,针对所面临的问题和需要,学校以推进教育综合改革为重点、以教育科研和集体备课为突破口,立足青年教师的成长需要,促进其专业化发展,进行了以下几项工作:

（一）顶层设计,提供发展空间

学校高度重视青年教师的工作,建立了"和风苑"、"骏马轩"、"潜心园"三个平台,聘请名师分别就教师的师德践行、教学培训、班主任管理等加强学习与指导。充分发挥了优秀老教师的作用,成立了"紫耘社"、"慧耕苑",在工作、学习等诸方面加强指导。学校要求青年教师制定个人发展规划,对自己在政治思想、职业道德、教育教学工作、教科研等方面的现状进行分析,规划自己三年发展努力目标,要求青年教师加强锻炼,缩短对岗位、教育教学常规、过程的熟悉与适应期,力争在较短的时间内成为校级、镇级乃至区级骨干教师。

（二）校本教研,搭建成长平台

以校为本的教育科研为全体教师提供了真实有力的学习环境和智力背景。学校依据"马陆小学教师专业化发展大培训积分制",积极开拓"教、学、研",开展切实有效的行动研究,力争使平时的教育教学工作上升到一定的理论高度。

1. 实施"师徒结对"。骨干教师与青年教师开展师徒对子活动,由骨干教师向青年教师传授自己在理论和实践教学环节的经验,而青年教师积极承接骨干教师的成功经验和方法。青年教师在教学过程中,对重点难点和如何提高教学效率等往往不知所措。骨干教师通过上"示范课"以及听青年教师课堂教学等多种形式,从备课、上课、作业设计等方面,教会他们如何突出重点、突破难点,提高他们处理教材、驾驭课堂、实施教学的能力,精心做好青年教师的"传、帮、带"工作,努力使青年教师不断进步。

2. 强化"组内教研"。学校以打造"灵智课堂"为目标,采取"同课异构"的方式,同学科教师共同研讨,反复磨课,并开展评课活动,从而有效提升青年教师的课堂教学能力。树立"英语学科教研"品牌典型,倡导组内教研常态化。同时还借助每年的"马陆小学教学节",在青年教师中广泛开展业务竞赛。学校课程教学部每年开展青年教师教学技能竞赛系列活动:青年教师说课竞赛、板书设计竞赛、朗诵比赛、课堂教学大比武等。在比赛中青年教师做到人人参与,充分运用课件、实物、录像等多种演示方法,将平时在课堂中行之有效的方法跃然于比赛中,使课堂充满生机与活力。

3. 狠抓"基本能力"。学校依托对教师规范化培训基地等,开展一系列学习、研究、竞赛等活动,促进青年教师的成长。如组内教研课、骨干教师示范课及说课活动、青年教师教学设计竞赛等,不断锤炼青年教师的教学技能,促使他们更快地脱颖而出。为了增强他们的实践技能,有计划、有意识地组织青年教师走出校门,到外区名校跟岗锻炼,参加上级教育部举办的教育教学活动,为青年教师成长搭建平台。通过一系列培养教育活动,一大批青年教师迅速成长起来。"创新家园"党员工作室领衔人李淑丹老师多次获得国家级比赛奖项,代表上海市参加全国课堂教学竞赛等,英语学科老师获得局领导的大会表扬。

(三)指导反思,提升教育理念

"没有反思就没有提高"。没有反思的经验是狭隘的经验,最多只能形成肤浅的认识。因此学校要求教师进行自我反思,通过撰写课堂教学改进方案,及时把自己的处理方式、心灵的感悟或者收获与感想写下来,从中发现问题,总结经验与教训,提升教育观念。同时教师可以把对教学观念的点滴感悟、自我成长的历程、教育教学理论的认识、学生学习方式的引导等撰写成文,或发表,或交流,让大家学习、感受、吸纳。

让每个教师成功就是学校的成功。青年教师的成长让我们感受到:青年教师的自我需要,领导为青年教师的成长搭建平台,老教师对青年教师的真情关心呵护都将使青年教师快步走上新台阶。学校将始终坚持创造和谐宽松的氛围,让老师横溢的才华深以施展,蕴藏的潜力得到挖掘,自身价值得到提升,那么我校的教育教学质量定会明显提高。

三、微笑:实践的艺术

我校是嘉定区规模最大的一所农村纯小学,学生大部分来自周边的社区居民和随迁子女。我们着力构建富有特色的微笑文化,构建学校发展的活力生活体系,从而保证学校的良性发展。让每位教师在敬业、乐业中健康成长,让每位学生身心愉快,会学且学得快乐,为他们的终身学习、发展夯实基础。

在上级领导和社会的关注下,通过全校师生共同努力,我校实现了优质的学校物质建设,在课程管理方面也取得了优异的成绩。通过多年的经营,学校提出的办学理念"给每一颗心灵温暖和力量"深入人心,得到广大家长认可,同时给学校的发展提出更高要求。

在实践中,我们深深体会到微笑管理所起的作用,它对学校管理的研究开启了一个崭新的视角。我们认为,微笑是一种教育,也是一种胸怀,更是一种教育艺术。"笑可以在人和人之间建立起信任与和谐的气氛"(美国笑学权威富瑞博士)。微笑管理作为现代学校教育管理的一种新理念,在学校管理中发挥着积极作用,体现学校教育管理对象的内心诉求。准确把握微笑管理和学校管理的互动发展,对于提升学校管理的科学化水平具有十分重要的意义。

(一)营造多文化学习氛围

学习对很多教师是痛苦的。但从大量成功教师的事例来看,学习是教师润泽一生的最积极、最有意义的活动。教师没有学习,一切都会成为无源之水、无本之木,不要说创新超越了,可能连最起码的教书育人的底气都没有。为此,教师要养成时时、事事、处处学习的习惯:向书本学、向同事学、向自己、向学生学,让学习交融于工作学习中,让学习的精彩赢得生命的精彩,以学习的成功赢得生命的成功。

在教师专业成长的过程中,教师要主动学习教育教学反思,敢于和善于突破,超越自我,不断地向高层次迈进。因此,教师要将教育教学反思深化到自己的心灵,成为自己的精神需要,将教育教学反思看作教师个人的工作习惯,将学校变成自己教育教学研究的基地,融教育于教学情景中,变教室为研究室。

在当前深入推进教育综合改革的大背景下,教师自主发展尤为重要,事关教师的身心健康和教育综合改革的成败。我们认为,教师的自主发展并不意味着教育综合改革完全依靠个人的行为,而是要求教师的团队合作和交流,形成教学研一体化的教师专业生活方式,在相互激励、相互学习中真正走自主发展的道路。马陆小学在实践中,不但积极创建各种学习平台,注重教师个体的学习实践,而且更关注运用人本管理的理念,着力学习共同体的打造。

人本管理的目的是要调动全体人员的积极性,从"要我干"变成"我要干"。通过人本管理,使老师们从内心迸发出一种潜能,想干要干而且一定要干好,这也是我们学校管理的根本目的之所在。

一个良好的教师共同体应当是一个善于学习的共同体,而只有一个善于学习的共同体才能在前行的路程中战胜多种困难。马陆小学教师共同体建设之初就深刻意识到这一点,我们通过严密地组织,良好地协作,创造性地开展多种学习活动,使大家常态地处于学习状态。这些活动形式多样,层次不同。不仅有学校内部热烈的相互交流学习,也有走出去与名校专家的激情碰撞。这些活动的开展很好地激活了教师学习的热情,把从学习中获得的良好理论大胆地运用到教育教学中,为学校的教育教学改革带来了积极的作用。

我们认为,建立教师共同体的核心和关键是学校组织文化的重建。建设教师专业共同体需要依托相互信任、彼此关心、民主平等鼓励合作的学校组织文化。过去由于竞争取向的制度设计,教师往往采取单兵作战,自我封闭的行为方式。通过微笑文化建设,把孤立和疏离的教师群体转型为关怀、对话、信任和分享教师共同体,把教师关系由"同事关系升级为伙伴关系",推动教师共同体建设,促进教师专业持续发展。

(二)强调团结协作

有人说真诚无价,有人说和睦无价,有人说友谊无价……我们以为,对一个集体来说,良好的氛围是无价的。对于需要大家互相配合、工作具有弹性的学校来说,良好的氛围显得更加重要。

良好的氛围像一道优美的风景线。也许这景色不算新奇，但置身于这样的风景中，人们无不心旷神怡，流连忘返。这就像一个家庭，虽蓬门荜户，粗茶淡饭，但夫妻恩爱，子女和睦，那么全家人一定会十分珍惜这个小家。反之，虽然家里富丽堂皇，犹如宫殿，可住在里面的人老是白眼相向，勾心斗角，谁还会欣赏和珍爱这个家呢？

良好的氛围是一块强力的磁铁。它具有极大的吸引力，不但能吸住在这个磁场内的人才，使他们不会轻易走散，而且还能吸引这个磁场外的人才，正是近悦远来，人心所向。工作时，大家认认真真，互相帮助；休闲时，开开玩笑，讲讲笑话，你不猜忌我，我不暗算你，大家都不用提心吊胆地过日子，对这样的集体，谁还会轻易舍弃呢？人生有限，而工作年限又只有人生的一半。谁不想在工作单位里心情舒畅，有谁愿意到尔虞我诈、整天提心吊胆的是非之地去受罪呢？

我们认为，优秀的教师团队是学校发展的核心竞争力，同时也能激活并最大限度地发挥团队中个体的潜力，更有效地促进每一个教师的专业成长。为此，我们把建设一支理念先进、师德高尚、业务精湛、结构合理的具有团队精神和创新精神的协同发展型教师队伍作为学校教师队伍建设的基本目标，并在此基础上，提出了建设"上海市优质学校"的共同愿景。同时，每一位教师也在学校大愿景的基础上规划了个人的小愿景。这样一来，学校的发展规划和教师个人的成长规划有机结合起来，学校的发展愿景内化为教师的个人愿景，更好地激发了教师的工作热情，增强了教师的团队合力，两者相辅相成，焕发出更强大的生命力。

团结协作是教师团队的灵魂，只有成员之间的良好合作才能战胜一个个困难。马陆小学发展历程，其实就是一个优秀团队通力合作的历程。因此我们需要继承这一优良历程，而且需要通过教师共同体的建设，进一步强化团队协作能力，为学校的进一步发展奠定扎实的基础。

（三）构建教师微笑文化

良好的氛围是一笔巨大的无形资产。氛围看不见，摸不着，但它能让人实实在在地感觉到。一旦置身于良好的氛围，就会有一种如鱼得水的快感。氛围还有一种极强的可溶性，某个异质一旦介入到良好的氛围之中，很快就会被这个良好的氛围所溶解，所吸收，并在其中显现出超常的活性。更可贵的是，良好的氛围还有一种互动性。处在良好氛围中的成员，往往会互相学习和激励，形成一种积极向上的亢奋状态，从而创造出不同凡响的成绩。这时，一加一就会远远大于二。

　　良好的氛围是校长的一件心血之作。一所学校良好氛围的形成，需要校长有一颗坦荡之心，即要有崇高远大的境界、光明磊落的作风、豁达大度的胸怀。如果校长有了坦荡之心，那么即使校长有了一些失误，与人产生了一些芥蒂，也会得到大家的谅解；即使学校里有一些喜欢拨弄是非、点火就着的人，也没有"用武之地"。人心换人心，有了这样一位胸怀坦荡的领军人物，何愁三军不用命？

　　学校的发展需要的不仅是良好的硬件设施，更需要优秀的教师团体。因此教师能否全身心地投入工作将直接影响学校的发展。而教师的全情投入不仅来自于一种责任，他们也需要理解，需要关爱。因为在生活工作中，他们会遇到各种各样的挑战，教育教学中也会有许多困惑和迷茫。而这些问题不能得到及时的解决和疏通就会影响教师的工作热情。为此，我们积极倡导学校为教师创设一些条件，丰富教师的业余生活，优化教师职业心理。比如我们建设教师阅读室，成立教师影评社团倡导教师快乐阅读，开阔教育视野；建立心理咨询室，倡导教师快乐教学，和谐师生；建立教工社团，倡导教师愉悦身心，培养兴趣等，优化了教师的身心，使之能够热情的投入到教育教学工作中去。

第三节　让教师成长更具张力

　　我们都知道，一个水桶无论有多高，它盛水的高度永远取决于其中最低的那块木板，这就是水桶原理或短板理论。所谓"水桶理论"，也就是"水桶定律"，其核心内容为：一只水桶盛水的多少，并不取决于桶壁上最高的那块木块，而恰恰取决于桶壁上最短的那块。根据这一核心内容，"水桶理论"还有两个推论：其一，只有桶壁上的所有木板都足够高，那水桶才能盛满水。其二，只要这个水桶里有一块不够高度，水桶里的水就不可能是满的。这个理论由美国管理学家彼得提出，说的是由多块木板构成的水桶，其价值在于其盛水量的多少，但决定水桶盛水量多少的关键因素不是其最长的板块，而是其最短的板块。

　　利用"木桶原理"，学校在管理中要做到以下几点：一是补短板，最短那块木板的高低决定盛水的多少，只有将它补高，木桶才能盛满水。如果某个人有哪些方面是"最短的一块"，就应该考虑尽快把它补起来。如果存在着"一块最短的木板"，就一定要及早将他找出并"固强补弱"，即先巩固优势再弥补弱势。二是消缝隙，一个木桶上木板间若有缝隙，即便木板再高，水也会透过缝隙流掉。每一个人都是一块木板，都有特长和短板，这就要求成员要有大局意识和整体意识。只有取长补短、各尽其用，才能发挥所有木板的最大效益。因此，每一名成员都要善于包容别人的缺点，发挥自己的优点，相互间团结，严格落实组织生活制度，开展积极的批评与自我批评，努力做到协调同步、做好补位衔接。只有这样，工作才不会"挂空挡"，才能消除缝隙，增强"紧密度"，形成一个团结而有战斗力的强大集体。三是紧铁箍，木桶之所以能盛水，是因为有铁箍将有序排列的木板箍紧。如果没有了铁箍的约束，木板也只能是散落的个体，发挥不了整体的效能。同样，只有用严格的法规制度来约束集体成员，才能形成整体合力，增强凝聚力战斗力，才能让班子成为一个坚固的"木桶"，迎接各种困难和挑战。四是强"拎手"，装满水的木桶能否发挥效能，还取决于是否具有结实耐用的"拎手"。他就是集体的带路人，集体好不好，关键在领导，班子行不行，就看前两名。他们关系融洽与否、工作配合好坏，直接影响班子的凝聚力、战斗力，影响部队建设的长远发展。五是固根底，水桶能否盛满水、盛住水，最终取决于是否有一个结实的桶底。桶底坚决不能破，不能有漏洞。安全稳定对于一个集体来说，就像是一只木桶的底，没有牢固完好的桶底，一旦出了问题，就会功亏一篑。因此，必须做好经常抓、打基础的工作，注重从源头抓起，把学校建设的基础打牢，掌握工作的主动权。

师资队伍的质量是学校发展的关键。尤其是在市场经济的条件下，社会对优质教育的需求越来越旺盛的情况下，一所学校最能吸引人、保持教育高质量和长盛不衰的最充分的理由就是有一支高质量的师资队伍。可以这样说，学校的发展，关键在于师资队伍的发展。

我们学校从原来的 35 个教学班发展为现在的 50 个教学班，高质量师资的缺乏是一个不争的事实。解决这样一个棘手而又现实的问题，一直是我们思考的课题。我校原有的教师队伍，曾创造过辉煌的业绩，但年龄偏大，数量不足，结构也不合理，随着教育事业的发展，已明显不能适应需要。

面对教育跨越式发展的新形势，如何加强教师队伍建设？作为一个十分现实而又非常紧迫的课题摆在了我们的面前。在近几年教师队伍建设中，我们根据学校的实际和教育发展的需要,采取同化与顺应并重、管理与服务并重、使用与培养并重、骨干与全员并重的策略,形成了教师团队合力,取得了较好的成效。

一、同化与顺应并重

一个教师个体就是木桶的一块组成部分,各有不同,多元发展。实践也证明,高素质的教师队伍是办学的根本保证。采取跨跃式的、突进的方式吸收大量新毕业的大学生,可以迅速改变教师缺乏、结构不合理的矛盾,但原有教师队伍的优势将可能因此而不复存在。这是我们所不愿看到的,如何解决这一突出矛盾?我们学校首先采取的是"同化"与"顺应"并重的策略。

所谓"同化",是指以现有教师队伍为基础,通过专家引领、校内互动、读书研讨、师徒结对等形式,对引进的青年教师进行传、帮、带,用优质教师资源"同化"新引进的教师,让他们尽快适应小学教育的要求,以最大限度地保持原有教师队伍的优势。我校教师的敬业精神、奉献精神和团队精神都得到了保持并继续发场光大,就是采取这一策略的结果。所谓顺应,有两方面的含义,一是新教师对老教师的顺应,对学校优秀传统的顺应。新教师要努力学习老教师优秀的师德风范、丰富的教学经验和严谨的教学态度,继承学校的优良传统,尽快融入学校组织中去;二是指老教师对新教师的顺应,对新形势新要求的顺应。老教师不能固步自封、抱残守缺,也要向新教师学习,特别是要学习他们新的教学理念、教学思想和现代教学技术,赶上教育发展的时代潮流,以适应新形势下对教师的新的要求,做到与时俱进。

同化和顺应,是一种渐进式的发展策略。采取这种策略是因为学校的发展必须考虑师资队伍建设的周期,过分强调跨越式发展超越师资队伍建设的实际有可能会出现教育断层,带来教育质量滑坡的严重后果。当然,师资队伍的建设也要立足于促进学校的发展,要尽力满足学校规模扩展的需要,这也是实践"品质教育"最大限度地满足人民群众对优质教育需求的需要。所以采取队伍建设与规模扩展同步进行,稳扎稳打,逐步推进的策略,是一种积极而又稳妥的策略。

我们学校以现有教师队伍为基础,逐步地、渐进式地采取引进培养、同化顺应、滚动发展的策略,既保持了学校的传统优势,又能在新形势下做到与时俱进,实现教育的超常发展。特别是抓住了人才引进优惠政策的机遇,在近几年中不仅从高校吸收了大批优秀毕业生,还从外地和区域内流动引进了一大批骨干教师,带来了许多新的教学理念和教学经验,同时还保持了我校的传统优势,这极大地推进了我校高质量师资队伍建设的进程,也为我校规模的迅速扩展创造了有利的条件。

二、管理与服务并重

学校要想成为一个结实耐用的木桶,首先要想方设法提高所有板子的长度。只有让所有的板子都维持"足够高",才能充分体现团队精神,发挥团队作用。办好一所学校,或者说管理一所学校,最根本的是要管理好一支教师队伍,教师是教育发展的资源,是学校发展的资本。学校管理的精髓就是要开发、经营好这种"资源"、"资本"。学校大了,教师多了,必然会产生校长(管理者)与教师(被管理者之间)、管理者与管理者之间、教师与教师之间的矛盾,这种矛盾会影响这种资源的开发和利用。如何采取合适的方法、恰当的措施来化解矛盾,弥合冲突,使全校教师形成合力,朝着学校发展的共同目标努力就成为学校管理的重要任务。说到底,就两条,一是管理,二是服务。我们学校采取的策略是严格管理,热情服务,管理与服务并重。

严格管理始终是教师管理的题中之义。"管"的对象是教职工,内容是一个"理"字,"理"就是国家教育方针所规定的教育目标、教学要求、教育规范等。管理就是学校通过一定的手段(管理)促使教师实现国家的教育目标,达到办学目的。严格管理"严"在学校有一整套严格的制度、规范和纪律,"严"在这套制度、规范、纪律要有严格的、可操作的、能落实到实处的检查、反馈机制。在教育教学工作上,必须严要求,一点都马虎不得。因为教师的教育行为,直接关系到学校的教育质量和学生的健康成长,关系到国家的振兴和民族的未来。因此对教师中任何违反师德规范,违反教育纪律,违反学校规章制度的行为,决不能姑息、迁就。实际上,这种严格要求和严格管理也是对教师最大的爱护,有利于教师事业的发展。我们学校制定了一整套这方面的制度,除了一般的师德规范,奖惩制度外,还制定了《教师忌语》、《教学事故责任追究制度》、《重大情况通报制度》等制度,这些制度简洁明了,有针对性、可操作性强,对规范教师行为起了很好的作用。

严格管理的同时还要热情服务。管理心理学认为,一个人的创造力只有在他感到"心理安全"和"心理自由"的条件下,才能获得最优的表现和发展。管理给教师带来的是职业压力,这种职业压力可以引起教师的积极反应,但过大的压力也可能造成不良的负面反应,产生消极作用。因此,校长管理学校要有更多的人情味,特别是要从精神和物质上给教师提供更多的帮助和支持,以缓解教师的压力。我校对管理干部的要求,不仅要有大局意识、责任意识、奉献意识,而且特别强调了服务意识,要求在工作中努力扮演好四种角色:(1)善解人意的朋友:要善于关心人、理解人、尊重人。(2)胸襟开阔的智者:允许别人犯错误,鼓励别人改正错误。(3)为教师服务的公仆:要有全心全意为教职工服务的意识。(4)勇于承担责任的领导者:敢于碰硬,敢于拍板,敢于负责。

强调服务体现的是一种"以人为本"的管理思想。服务的重点是给教师提供良好的工作环境,对教师的劳动给予认可和积极评价,为教师的发展创造条件。管理的重心不是对事的控制,而是对人的激活,是要建立一种使每个人都能得到充分发展的机制,营造一种使每个人的作用都得到充分发挥的氛围,把个人的事业和集体的事业结合起来,把个人的追求化为集体的追求,把全体教师的积极性鼓动起来,让他们的能动性发挥出来,上下一条心,拧成一股绳,用可持续的目标凝聚人心、激励斗志。

我校的这种服务表现在三个方面,一是满足教师工作需要,努力为他们创造良好的工作环境,使他们的智能得到充分发挥。二是满足教师发展需要。主要表现在为教师提供培训的机会和条件,鼓励教师进行教育教学科研,搭建多种平台为他们尽情脱颖而出创造条件。三是提供生活服务。我校主要领导花了大量的时间精力动用个人资源,为教师解决子女入托、读书问题、家属工作问题等,解决他们的后顾之忧。

三、使用与培养并重

使用和培养是师资队伍建设的两个方面。使用很重要,培养也不可或缺。我校坚持在使用中培养,在培养中使用,使用和培养并重。

使用是对教师最大的尊重。教师每天面对的都是个性迥异的孩子,是一个个前程不可限量的个体。教育的每一天都是新的,教育工作是能够把人的创造力、想象力和全部能量、智慧发挥到极限的、永远没有止境的事业。因此,教师最大的幸福在于教育本身。有人把教师喻为"蜡烛",牺牲了自己,照亮了别人。其实对一个真正的教师来讲,教育不是牺牲,而是享受;教育不是谋生的手段,而是生活的本身。因此教师在成就学生的同时,也成就了自己。因此,无论是中老年教师还是青年教师,对他们的尊重首先体现在使用上。

充分发挥中老年教师的作用,鼓励他们著书立说,创出自己的教学特色,鼓励他们传、帮、带,培养青年教师是我校师资队伍建设的一个重要特点。如陈佩伦老师,班主任经验丰富,家长交口称赞,学校为他建立了班主任工作室"紫耘社",着力加强青年班主任工作。

大胆启用青年教师也是我校在教师使用上的一个重要举措。为了加速青年教师的成长,我校许多中老年教师与青年教师结对,并主动让贤,把青年教师推上关键岗位,给他们压担子。如教研组长、各科组长等职位尽量让青年教师担任,教学科研工作让青年教师担任课题的负责人,每学期的对外开课,也都尽量安排青年教师承担。正是在使用中,青年教师不断发挥潜力,增长才干。我校现有中层以上干部中,已有一半以上由青年教师担任。

在使用的同时,我们更重视对教师的培养。在培训方法上,一些常规的方法,如师德工程、青蓝工程等,我们都如法炮制,进行师徒结对,建立区、镇、校三级骨干教师,取得了相当的实效。此外,我们还把学习型单位、学习型党支部创建与师资培训结合起来,突出抓"富脑工程"。我们利用假期和课余时间,在教师中开办了提升人文素养培训班、班主任工作坊、现代教育技术培训班等。为了提高我校教师的专业成长,采取校长与名校长牵手、教师到名校跟岗实习、教育集团内部交流等举措,为教师提供更多的学习机会和更广阔的施展才华的舞台。

此外,我们还努力开发校本资源,进行校本培训。校本培训的内容基于学校的实际,在切合教师实际的基点上,选择教师在教育教学实践中所遇到的实实在在的实际问题,按照"缺什么,补什么"、"需要什么,培训什么"的原则对在职教师进行培训,具有很强的现实性和针对性。如我校每月一次的行政学习沙龙,重点探讨和解决管理中存在的问题。每月一次的班主任中心组,每次解决班主任工作中的现实问题。既有优秀班主任的主讲,又有沙龙式的讨论,特别是新班主任,对他们迅速掌握班主任工作艺术,成长为一个优秀班主任十分有利。在校本培训中,我们充分关注我校的自身实际和发展方向,以我校的特色项目为主,整合教师个体的多元资源开展特色培训。将教师个体与学校特色发展紧密联接,用教师个体发展推动学校特色发展。如以我校的棋类项目为特色培训点,挖掘教师个体资源,以校内资源培训教师与学生;以我校的科技教育葡萄研究为基地培训,挖掘地区资源,结合校内外的共同资源,对教师开展一系列特色项目培训,特别是对在特色方面有突出表现的教师加大培训力度,编写校本培训教材,组织校本培训活动,开展特色项目活动,力创品牌特色,突出学校办学特点,始终关注学校特色发展。

四、部分与全员并重

学校要想成为一个结实耐用的木桶,首先要想方设法提高所有板子的长度。只有让所有的板子都维持"足够高",才能充分体现团队精神,完全发挥团队作用。在教师的使用和培养上,如何以有限的资源投入换取最大的办学效益是我们一直思考的问题。为保证师资队伍建设走一条质量效益型的道路,我们的策略是骨干与全员并重,以骨干带全员,以全员促骨干,以求得骨干、全员共发展。

骨干教师是学校的品牌,是一所学校十分宝贵的教育资源。因此,重点扶持骨干教师,既是学校发展的需要,也是教师成长的需要。我们学校首先启动的是骨干教师培养工程。除了积极推荐区学科带头人、区骨干教师外,我们还积极评选镇、校骨干教师,在政策上如职称评定、岗位晋升、经济待遇等方面予以倾斜。同时,我校在骨干教师的政策上待遇与职责并重,重待遇,更注重责任。

对校骨干教师实行任期制,在任期内,必须承担相应的职责,完成相应的任务。不能承担职责和完成任务的将取消其资格。我校还建立了骨干教师后备制度,为有志于成为骨干教师的教师,建立档案,重点培养,为他们的成长创造更好的机会与条件。

骨干教师毕竟是少数,学校的教育教学质量的改善以及学校办学目标的实现,是由全体教职工共同来承担的。并且对骨干教师倾斜的根本目的还是为了改善教育教学工作的质量,加速实现学校预定的办学目标,而并非仅仅对骨干教师加以激励,而对广大非骨干教师漠视与放弃。几年来,我校每学期邀请市区专家来校培训指导,安排校内骨干、高级教师讲座交流,一直坚持学习沙龙制度,为教师们提供了各级各类的理论书籍和杂志。引导教师在自主学习、相互探讨与自我反思中不断提高自身的理论素养和专业水平。从深层意义上讲,建立骨干教师制度不仅仅是为了激励几位拔尖的教师,更是为了通过骨干教师的带教辅导,观摩教学等活动,发挥其示范和辐射作用,从而带动整个教师队伍素质的改善,促进学校教育教学整体质量的提高。因此,我们在向骨干教师倾斜的同时,也要为普通教师创造更多的机会。我校对骨干教师实行任期制、评聘制,就是为普通教师成为骨干教师留下了发展的空间。此外,在教育科研、教育培训等方面,也为普通教师的发展提供了机会。在物质待遇方面,除向骨干教师倾斜外,我校强调的团队精神也在待遇上适当有所表现,这些都有利于发挥全体教职工的积极性。

综上所述,任何一个组织,任何一个集体,都会面临一个共同问题,那就是构成组织或集体的各个部分往往是优劣不齐的,而劣势部分往往决定整个组织的水平。作为学校管理者,能否最好的发挥每一位教师的积极作用,让其不要成为木桶最低的那块板,即使有短板,也通过各种形式激发其积极性,改变现状,发挥潜能,发展自我;作为学校管理者,能否让每一位教职员工不边缘化,让每个人都能始终不游离于学校集体,始终在团队的发展中自我提升;作为学校管理者,始终要保持忧患意识,如果发现集体中存在"最短的一块",就要挖掘其特长,迅速将其做长补齐,加强整个集体的战斗力量,才能在竞争中取胜。一个团队,不仅在于其中几个人的力量,而是所有人齐头并进,共同推动学校的整体发展。

　　"让每一个孩子都成为生命的精灵",为了这句承诺,所有马小人一路走来都很辛苦,一串串的泪珠,一颗颗疲惫的心,早已融进了他们热爱的校园。

　　留下精灵的足迹,是为了儿童的发展。于是,就有了《把美好种进儿童心田》一书的诞生!

　　我们常常会想:教育是什么?在《把美好种进儿童心田》一书中,我们已经找到了答案:教育是撑起孩子学会学习和学会生存的精神支柱;教育是让每一个孩子都能享受到学习的愉悦,并愿与之相伴一生的精神阳光;教育更应该是燃烧师生激情,顺应孩子天性发展的自然历程。

　　自"小精灵教育"提出以来,"马小人"齐心协力,不断探索;为了学校的成长与发展,"马小人"殚思竭虑,贡献心力。今天,终于开花结果啦!

　　步入马小校园,每一个角落都能体现出"马小文化"的神韵:广场中央,假山、流水、涌泉、"陆陆"与背景的草木浑然一体,赋予了全体师生心灵的宁静和学习的灵性;紫气东来的"紫藤东廊"和清新怡人的"葡萄西廊"遥相呼应,与正中央的秀石流水珠联璧合,构成了一幅"双龙戏珠"景观,可谓天作之合;喜迎学子的"携手追梦"雕塑与陈列孩子作品的"学习雅苑"天然迎合,时刻激励着小精灵们勤奋好学,勇于向上的攀登精神。

　　室内的"精灵舞台"、"主题书吧"、"议事咖吧"、"和弦音吧"等设计别致,古朴典雅,真可谓雅韵、艺韵、书韵,交相辉映;墙壁、走道、长廊,皆为"课堂"。放眼校园环境,无不彰显出"小精灵教育"的文化内涵,处处感受到"用美好温润儿童的心灵"的魅力。

　　在马小,每一位教师都是温润孩子心灵的使者,他们笃实、向上、合作、进取,诠释着"弘葡萄清新之品,扬骏马奔腾之质"的学校精神,给每一个心灵温暖和力量。大家凝聚共识,奋力合作,"头顶着蓝天,脚踏着大地",抓住"小精灵教育"的良机,走好脚下的每一步。因此,"精灵教育"能取得如此大的成就,学校的教育教学质量连年攀升,良好的社会声誉得以扩大,优质教育资源不断丰富,这真是:睿智笃行心有恒,弘品扬质育精灵;百年老校吐新枝,携手奔向新优质!

行笔至此,感慨万千,我们不禁为"小精灵教育"付出辛勤努力的"马小人"点赞,为书中案例的主人公、作者点赞!这都是"小精灵教育"宝贵的经验和财富。我们要衷心感谢上海市教育科学研究院杨四耕老师,感谢他的辛勤付出和专业指导。同时,我们还要感谢为学校改革和发展默默奉献的所有人。感谢张彩萍、张建忠、陈玲芳、孙爱华、严玲栩、朱冬芳、曹丽娟、李淑丹、李晓清等老师,他们不仅在各自的工作岗位上践行着小精灵教育理念,还为初稿的撰写提供了案例,在书稿修改、校验期间,他们不辞辛苦,字斟句酌,保障了书稿的顺利出版。特别感谢姚鸣、陈佩伦老师为书稿提出的宝贵建议。因为有了你们,才有《把美好种进儿童心田》一书的出版。

此时此刻,让我想起了古希腊的一则故事——苏格拉底对他的学生说:"今天咱们只做一件事,每个人尽量把手臂往前甩,然后再往后甩。从现在开始,每天做 300 下。"学生们感到很可笑,心里在想这么简单的事难不倒我们。过了一个月,苏格拉底问大家,有哪些学生坚持了?结果有 90% 的学生骄傲地举起了手。又过了一个月,苏格拉底再次提起这个问题时,坚持下来的学生只有 80% 了。一年后,当苏格拉底又一次问大家:"请你们告诉我,最简单的甩臂运动,还有哪些同学每天在坚持做?"这时,只有一个学生举起了手,他就是柏拉图。后来,柏拉图也成为了古希腊著名的大哲学家。

故事给了我们深刻的启发:成功在于坚持。"小精灵教育"的实践之路是没有尽头的,唯有坚持前行,才能采摘更多的"精灵之果"。我们坚信,精灵之路,将越走越宽广;百年马小,将越来越辉煌!

顾剑

2020 年 1 月 5 日于上海市嘉定区马陆小学

课堂教学的 30 个微技术	978 - 7 - 5760 - 1043 - 5	52.00	2020 年 12 月
教学诠释学	978 - 7 - 5760 - 0394 - 9	42.00	2020 年 9 月
原点教学：提升区域育人质量的策略研究			
	978 - 7 - 5760 - 0212 - 6	56.00	2020 年 8 月

学校课程发展丛书

数学学科课程群	978 - 7 - 5675 - 9445 - 6	58.00	2019 年 8 月
科学学科课程群	978 - 7 - 5675 - 9593 - 4	34.00	2019 年 9 月
核心素养与课程设计	978 - 7 - 5675 - 9462 - 3	46.00	2019 年 9 月
语文学科课程群	978 - 7 - 5675 - 9441 - 8	56.00	2019 年 9 月
品牌培育与学校课程	978 - 7 - 5675 - 9372 - 5	39.00	2019 年 9 月
英语学科课程群	978 - 7 - 5675 - 9575 - 0	39.00	2019 年 10 月
体艺学科课程群	978 - 7 - 5675 - 9594 - 1	34.00	2019 年 10 月
跨学科课程的 20 个创意设计	978 - 7 - 5675 - 9576 - 7	34.00	2019 年 10 月
学校课程与文化变革	978 - 7 - 5675 - 9343 - 5	52.00	2019 年 10 月

品质课程实验研究丛书

学校课程框架的建构：HOME 课程的旨趣与架构			
	978 - 7 - 5675 - 9167 - 7	36.00	2019 年 9 月
聚焦育人目标的课程设计：红棉花季课程的愿景与追求			
	978 - 7 - 5675 - 9233 - 9	39.00	2019 年 10 月
核心素养导向的课程设计：花园式课程的文化与聚焦			
	978 - 7 - 5675 - 9037 - 3	48.00	2019 年 10 月
学校课程文化的实践脉络：百步梯课程的逻辑与架构			
	978 - 7 - 5675 - 9140 - 0	48.00	2019 年 11 月

学校课程发展策略：SMILE 课程的逻辑与深度

　　　　　　　　　　978 - 7 - 5675 - 9302 - 2　46.00　2019 年 12 月

聚焦内涵发展的课程探究：芳香式课程的理念与实施

　　　　　　　　　　978 - 7 - 5675 - 9509 - 5　48.00　2020 年 1 月

以儿童为中心的课程：欢乐谷课程的旨趣与维度

　　　　　　　　　　978 - 7 - 5675 - 9489 - 0　45.00　2020 年 1 月

学校课程体系的建构："小螺号课程"的架构与创生

　　　　　　　　　　978 - 7 - 5760 - 0445 - 8　45.00　2020 年 9 月

聚焦儿童发展的课程范式：暖记忆课程的理念与实施

　　　　　　　　　　978 - 7 - 5760 - 0508 - 6　38.00　2021 年 3 月

特色学校聚焦丛书

不一样的生命，一样的精彩　978 - 7 - 5675 - 8675 - 8　34.00　2019 年 3 月

童味正醇：特色学校的文化图谱　978 - 7 - 5675 - 8944 - 5　39.00　2019 年 8 月

特色普通高中课程建设探索　978 - 7 - 5675 - 9574 - 3　34.00　2019 年 10 月

儿童是天生的探索者：360°科学启蒙教育

　　　　　　　　　　978 - 7 - 5675 - 9273 - 5　36.00　2020 年 2 月

做精神灿烂的教师：教师自我成长的 5 个密码

　　　　　　　　　　978 - 7 - 5760 - 0367 - 3　34.00　2020 年 7 月

让教育温暖而芬芳　978 - 7 - 5760 - 0537 - 0　36.00　2020 年 9 月

快乐教育与内涵生长　978 - 7 - 5760 - 0517 - 2　46.00　2020 年 12 月

故事教育与儿童发展　978 - 7 - 5760 - 0671 - 1　39.00　2021 年 1 月

美好教育：学校内涵发展的循证研究　978 - 7 - 5760 - 0866 - 1　34.00　2021 年 3 月

把美好种进儿童心田　978 - 7 - 5760 - 0535 - 6　36.00　2021 年 3 月

跨学科课程丛书

大情境课程：主题设计与创意评价

               978 - 7 - 5760 - 0210 - 2   44.00   2020 年 5 月

社会参与素养的培育模型与干预机制

               978 - 7 - 5760 - 0211 - 9   36.00   2020 年 5 月

大概念课程：幼儿园特色主题活动设计

               978 - 7 - 5760 - 0656 - 8   52.00   2020 年 8 月

核心素养导向的课堂教学丛书

漾着诗性智慧的课堂教学   978 - 7 - 5675 - 9308 - 4   39.00   2019 年 7 月

转识成智的课堂教学：核心素养导向的历史教学

               978 - 7 - 5760 - 0164 - 8   40.00   2020 年 5 月

学导式教学：学会学习的教学范式

               978 - 7 - 5760 - 0278 - 2   42.00   2020 年 7 月

高阶思维教学的关键技术   978 - 7 - 5760 - 0526 - 4   42.00   2021 年 1 月

特色课程建设丛书

教师,生长的课程   978 - 7 - 5760 - 0609 - 4   34.00   2020 年 12 月

学校课程发展的实践范式   978 - 7 - 5760 - 0717 - 6   46.00   2020 年 12 月

丰富学习经历：如歌式课程的愿景与深度

               978 - 7 - 5760 - 0785 - 5   42.00   2020 年 12 月

学校课程群设计方法   978 - 7 - 5760 - 0579 - 0   44.00   2021 年 3 月

学校美育课程的立体建构：菁华园课程的逻辑与框架

               978 - 7 - 5760 - 0610 - 0   36.00   2021 年 3 月